Structureren met 5S

De lean tool voor
effectieve verbeteringen
in organisaties

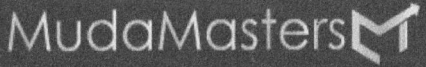

Copyright © 2019 Thijs Panneman
Alle rechten voorbehouden.

Gepubliceerd door MudaMasters, Dublin, Ierland
Bezoek: www.mudamasters.com

Eerste editie

ISBN: 9781693120626

Inleiding	**4**
Hoofdstuk 1: 5S –Het starthulpmiddel voor elke lean reis	**8**
1.1 Wat is 5S	8
1.2 Het elimineren van alle 8 verspillingen met 5S	14
1.3 Tools en methoden voor in elk van de 5S-fasen	21
Hoofdstuk 2: Veel voorkomende problemen met 5S	**37**
2.1 5S-standaarden vergaan na verloop van tijd	38
2.2 5S is niet ingebed in de organisatie	44
2.3 5S leidt niet tot een productiviteitsstijging	56
Hoofdstuk 3: Voorkom deze problemen in uw 5S-implementatie	**62**
3.1 Hoe je een pilot locatie voor 5S kiest	64
3.2 Hoe de eerste 5S-standaarden de productiviteit kunnen verbeteren	77
3.3 Hoe 5S helpt problemen te voorkomen	87
Hoofdstuk 4: Verras uw personeel en uw klanten	**94**
4.1 Hoe 5S medewerkerstevredenheid verbeterd	94
4.2 Hoe 5S het leven van managers veranderd	101
4.3 Hoe 5S de klantervaring verbeterd	105
Hoofdstuk 5. Conclusies	**109**
Dankwoord	**112**

Inleiding

Vorig jaar bood het multinational bedrijf waarbij ik in dienst was, haar werknemers de mogelijkheid om andere fabrieken en organisaties te bezoeken die hun eigen lean reizen maken. Het doel van deze bezoeken was om te leren over de verschillende op lean gebaseerde initiatieven voor continue verbetering die werden nagestreefd en met welk doel. Tijdens dit fantastische initiatief werd een Duits team geïnspireerd om te zoeken naar de perfecte 5S fabrieksomgeving binnen ons eigen bedrijf.

Volgens ons hoofdkantoor was de beste 5S-implementatie (*het* lean hulpmiddel voor werkplekorganisatie) ongeveer 5 jaar eerder door een fabriek in het Verenigd Koninkrijk gestart en was deze nog steeds van kracht en dus, twee maanden later, vlogen het managementteam van de Duitse fabriek en ik naar het VK voor een rondleiding. Bij aankomst ontdekte het Duitse managementteam echter dat de Britse fabriek net zo ongeorganiseerd was als - en misschien zelfs iets smeriger - dan de veel nieuwere Duitse fabriek waar ze vandaan kwamen.

De eerste vraag die in ieders gedachten opkwam, was: hoe kon dit als het perfecte voorbeeld van 5S worden beschouwd? Wat ze in de fabriek zagen, leek helemaal niet op de stralende en goed georganiseerde werkplekken op de foto's van de diapresentatie die het hoofdkantoor hen had laten zien. De enige conclusie die getrokken kon worden, was dat de 'standaarden' waar de collega's van het hoofdkwartier zo enthousiast over waren geweest, de tand des tijds niet hadden doorstaan.

Lezers die al vertrouwd zijn met 5S, begrijpen dat de Britse fabriek niet in staat was om de laatste fase van 5S te bereiken: de standhoud-fase. In deze fase worden managers verondersteld om regelmatig de werkvloer te bezoeken om er zeker van te zijn dat de standaarden die zijn ingevoerd worden nageleefd en up to date zijn. Daarnaast is het in deze fase belangrijk voor managers, het team aan te moedigen en te ondersteunen bij het vinden van de volgende verbetering, om die vervolgens te implementeren.

In een eerdere rol binnen een ander bedrijf was het mijn taak verschillende fabrieken te bezoeken en de zogenaamde volwassenheidsbeoordelingen uit te voeren en om te beoordelen tot welk niveau verschillende lean-hulpmiddelen werden geïmplementeerd en benut om verbeteringen te vinden.
Tijdens een bezoek aan een fabriek in Zweden vertelden de operators mij over hun problemen bij het handhaven van hun 5S-standaarden. De situatie werd gecompliceerder door het feit dat ze in een ploegendienst werkten met meerdere teams die in hetzelfde werkgebied opereerden over een periode van 24 uur. Ze hadden hun manager om hulp gevraagd om hun 5S-inspanningen te ondersteunen, maar hij had het te druk met ander werk en had geen interesse getoond in het ondersteunen van zijn team bij het nastreven van een hogere ordestandaard van de werkplekorganisatie.
Onder deze omstandigheden zou ik veronderstellen dat als ik binnen een jaar terug zou komen, het 5S-programma niet langer zou bestaan en verbeteringen uit het verleden net zo onzichtbaar zouden zijn als in de fabriek in het VK die ik eerder beschreef.

In een derde instantie vloog ik naar de VS om een fabriek te bezoeken waar het 5S-systeem perfect werkte; althans volgens het managementteam. Ik ging de werkvloer op met de operations manager en plant manager en zag inderdaad dat de meeste 5S-hulpmiddelen gebruikt werden. Ik zag geweldige standaard lay-outs van werkruimten met schaduwborden voor hulpmiddelen, lijnen op de vloer die aangeven waar Work-in-Process (WIP) was toegestaan om aan gewerkt te worden, zelfs een overzicht van de geschiedenis van 5S-audits die toonden dat in deze fabriek het management de teams ondersteunde om ervoor te zorgen dat de 5S-standaarden werden gehandhaafd; in tegenstelling tot de andere twee fabrieken die ik hierboven heb beschreven.

Gegeven wat een erg goede weergave van de 5S-hulpmiddelen leek, heb ik de plant manager gevraagd naar de resultaten die 5S hem en zijn team had opgeleverd. Met andere woorden, ik wilde weten welk meetbaar voordeel werd behaald met deze geweldige implementatie? Zijn antwoord verraste mij: hij had geen idee waar ik het over had. De teams in de fabriek in de VS hadden een paar dagen in elk gebied doorgebracht om elke hoek van de fabriek schoon te maken en te organiseren, en teamleiders en managers brachten elke dag en elke week tijd met elkaar en de operators door om deze standaarden te bespreken. Maar in hun discussie ontbrak het aan enige aandacht voor productiviteitsvoordelen, laat staan dat doelen gesteld werden om de nieuwe verbeteringen aan te brengen die met 5S bereikt kunnen worden.

Om mijn persoonlijke ervaring samen te vatten; Ik zie dit soort inconsistente en onvolledige 5S-implementaties in de meeste organisaties die ik bezoek. Dat zegt me dat 5S één van de meest onderschatte en ondergewaardeerde lean-hulpmiddelen is die je in de lean-gereedschapskist kunt vinden. Hoewel het concept eenvoudig is, gebruiken de meeste teams het niet ten volle: het verbeteren van de teamproductiviteit, het verbeteren van de stroming van het proces, het verminderen van doorlooptijden en het daardoor verlagen van de productiekosten.

In dit boek help ik jou die cyclus te doorbreken. Ik zal beschrijven hoe jij ervoor kunt zorgen dat jouw 5S-implementatie helpt de productiviteit vanaf het begin te verbeteren en hoe jij in jouw organisatie een continue cyclus van kleine verbeteringen kunt creëren die de ervaring van het personeel en ook jullie klanten verbeteren. Maar voordat we op details ingaan over hoe dat te doen, beginnen we met te kijken naar wat 5S precies is en waarom het zo vaak wordt gebruikt bij lean transformaties.

Hoofdstuk 1:
5S –Het starthulpmiddel voor elke lean reis

Om met dit hoofdstuk te beginnen, is het nuttig om enkele basisbegrippen over de beoefening van 5S samen te vatten. Al in dit eerste hoofdstuk zullen we zien waarom 5S altijd deel uitmaakt van alle lean-initiatieven. Spoiler alert: 5S vermindert alle 8 soorten verspilling.

Ten tweede beschrijft dit hoofdstuk de technische details van 5S. Welke hulpmiddelen heeft iemand nodig om 5S op een effectieve manier te implementeren? Je zult zien dat elke S een fase van het programma beschrijft, elk beginnend met S, en dat er meerdere hulpmiddelen beschikbaar zijn die alle 5 de fasen vergemakkelijken.

1.1 Wat is 5S

Laten we beginnen met de naam. 5S is de naam die is afgeleid van de vijf fasen van het organiseren van een werkplek, die van origine is beschreven in het Japans en later is vertaald in andere talen, waaronder het Nederlands. Elk van de vijf fasen begint met de letter S, vandaar de term "5S". De vijf woorden die het meest worden gebruikt om elke fase in het Nederlands te beschrijven, zijn als volgt:

Scheiden - met het doel om alleen de benodigde items op elke werkplek te behouden.
Schikken - om te voorkomen dat mensen zoeken naar items en om de hoeveelheden items in een bepaald gebied te beperken.
Schoonmaken - met het doel om mensen in een vroeg stadium problemen te laten ontdekken om te voorkomen dat vuil de productkwaliteit in gevaar brengt.

Standaardiseren - met als doel de afspraken op elke werkplek te documenteren en visualiseren.
Standhouden - met als doel deze standaarden in stand te houden en te verbeteren van de standaard in de loop van de tijd.

Sommige bedrijven voegen een zesde "S" toe aan deze lijst voor *safety*, wat in het Nederlands als "Veiligheid" wordt beschreven, om ervoor te zorgen dat de veiligheid in overweging wordt genomen bij het ontwerpen van een werkplek.
5S wordt dan meestal omgezet in Veiligheid +5S. Hoewel ik het ermee eens ben dat veiligheid altijd in overweging moet worden genomen bij het organiseren van een werkplek (bijvoorbeeld op het gebied van ergonomie), kies ik ervoor om dit boek te richten op de 5S-principes en de doelen die ermee kunnen worden bereikt op de manier zoals ze oorspronkelijk zijn beschreven in lean-literatuur.

Lezers van mijn boek *Lean Transformations* zullen zich herinneren dat 5S een methode is die wordt gebruikt op het eerste niveau van lean volwassenheid, dat beschrijft hoe de standaarden in de organisatie zijn vastgelegd. Alleen als iedereen die op de werkplek werkt het eens is over wat de veiligste en meest efficiënte manier van werken is, kunnen ze de volgende mogelijke verbeteringen bespreken.

Waarom is het vastleggen van standaarden zo belangrijk?

■■

Als deze standaarden niet aanwezig zijn, kunnen mensen op verschillende manieren werken. Dit leidt tot variantie in output, variatie in doorlooptijden, en communicatiefouten omdat mensen ongewild over verschillende problemen praten.

Door te identificeren en te demonstreren hoe een werkstation georganiseerd moet worden om efficiënt te werken en hoe het lopende proces beheerd wordt, kunnen afwijkingen van de standaardwerkwijze zichtbaar worden voor de getrainde waarnemer. Daarom wordt 5S beschouwd als een visueel managementinstrument. Het helpt om afwijkingen van de gebruikelijke staat van de werkplek te visualiseren.

Een goed voorbeeld van een 5S-gerelateerde techniek is het *schaduwbord*, waarin een bord aan de muur naast het werkgebied opgehangen wordt. Op het bord zijn de hulpmiddelen die door de operator op die werkplek worden gebruikt op een duidelijke en toegankelijke manier zichtbaar.
De klassieke implementatie van dit bord omvat het weergeven van de 'schaduwen' van de verschillende hulpmiddelen op de locatie waar een bepaald hulpmiddel geplaatst zou moeten worden.
Als het gereedschap niet op het bord staat, geeft de zichtbare schaduw aan dat het ontbreekt. Dit helpt de medewerker het hulpmiddel te vinden of te vervangen voordat een operator deze op locatie nodig heeft, waardoor het product niet hoeft te wachten totdat de operator het hulpmiddel gevonden heeft.

Dit belicht een belangrijk deel van 5S. Het is niet alleen het organiseren van de werkplek die de medewerker de voordelen biedt van een overzichtelijke werkplek. Het is de cultuur rond het gebruik van de visuele standaarden die de echte efficiëntievoordelen bieden. Als een gereedschap op het schaduwbord ontbreekt en niemand reageert op het visuele signaal, dan kan het ontbrekende hulpmiddel nog steeds leiden tot een vertraging in de productie, ongeacht hoe weinig nutteloze hulpmiddelen er in de buurt van de machine te vinden zijn.

5S is daarom niet alleen een combinatie van technieken om een werkplek in te delen, maar een begin van een cultuur waarin mensen denken en handelen op een manier die is gebaseerd op de visuele aanwijzingen die hun werkplekorganisatie hen biedt.

Wat voor probleem laat het schaduwbord dus zien als niemand reageert op een situatie waarin het bord niet compleet is?

■■

Een incompleet schaduwbord is wellicht nog zorgelijker dan een ongeorganiseerde gereedschapskist op de afdeling. Een incompleet schaduwbord laat namelijk zien dat het niemand iets kan schelen dat er iets mist. Een grote uitdaging in de organisatiecultuur dus!

Vanwege dit culturele aspect is het belangrijk voor een succesvolle 5S implementatie dat teams hun eigen 5S standaarden definiëren. Dit betekent dat als een team een specifiek werkstation opnieuw ontwerpt, ze moeten bespreken of een bepaald hulpmiddel nodig is en wanneer het gebruikt moet worden, zodat ze hun eigen visuele aanwijzingen ontwerpen. Daarbij werken ze niet alleen aan de eerste fase van werkplekorganisatie, het is ook de voorbereiding voor het definiëren van Standard Operating Procedures (SOP's) die de specifieke beschrijving bevatten van hoe een taak moet worden uitgevoerd (dat is het tweede hulpmiddel beschreven voor het eerste niveau van lean volwassenheid in mijn boek *Lean Transformations*).

Voordat we op meer details ingaan over het concept en de principes van elk van de 5S-en, beschrijf ik graag eerst enkele voorbeelden waarin 5S wordt toegepast om een ruimte te organiseren, zonder dat we het ons realiseren, of dat we het 5S noemen.

Ik weet zeker dat jouw keuken een aantal 5S standaarden bevat. Thuis hebben de meeste mensen een vaste locatie voor alles wat er staat. Potten en pannen, bestek en glazen - alles wordt elke keer op dezelfde plek geplaatst. De kans is groot dat de dingen die je het meest gebruikt, worden bewaard op de plek die het gemakkelijkst toegankelijk is wanneer je ze nodig heeft.

Koffiekoppen bevinden zich bijvoorbeeld in de buurt van de koffiemachine en zeep zal zich naast de gootsteen bevinden. Keukenapparatuur die minder vaak gebruikt wordt, kan hogerop staan, achterin de kast of zelfs in een andere kamer als ze slechts een paar keer per jaar gebruikt worden.

Al deze "standaarden" voor het organiseren van de keuken helpen ons (onbewust) om efficiënt te zijn in de routinetaken die we in ons dagelijks leven doen. Als we een kop koffie zetten, hoeven we nooit de koffiekopjes te zoeken, omdat ze altijd op dezelfde plank staan. We hoeven niet verschillende kasten te openen en ons af te vragen waar onze partner ze deze keer na het afwassen heeft neergezet.

We vinden 5S-standaarden ook in supermarkten terug. Gelukkig worden alle groenten dicht bij elkaar gehouden, en dat geldt ook voor zuivelproducten. Producten worden ook altijd op dezelfde plek geplaatst om te voorkomen dat wij als klant ernaar moeten zoeken. Stel je voor wat er zou gebeuren als dit niet het geval was. We zouden elke keer dat we boodschappen doen de hele supermarkt moeten doorzoeken om de producten te kunnen vinden en boodschappen doen zou een behoorlijk tijdrovend klusje worden.

Het concept van 5S is daarom niets nieuws. Bijna iedereen is routinematig blootgesteld aan het concept en zelfs in werkomgevingen weet ik zeker dat je al een aantal onofficiële 5S-standaarden gedefinieerd heeft om jouw werkomgeving efficiënter te maken. Veel kantoorgebouwen hebben op verschillende verdiepingen dezelfde indeling zodat je altijd gemakkelijk het toilet of de printruimte weet te vinden, en bovendien zijn de toiletten altijd aangeduid met een plaatje van een man of een vrouw om te voorkomen dat je een verkeerde ruimte betreed.

Nooduitgangen worden op kantoor en zelfs op internationaal niveau altijd op dezelfde manier aangeduid zodat je waar je ook bent, altijd veilig het gebouw kunt verlaten mocht er een calamiteit optreden.

De volgende vragen die ik graag wil beantwoorden zijn: wat heeft werkplekorganisatie te maken met lean en wat zijn de voordelen voor de organisatie die deze principes en praktijken willen gebruiken? Het is tijd om in te gaan op het *waarom* van 5S, het onderwerp van hoofdstuk 1.2

Samengevat:

- 5S is een hulpmiddel voor het organiseren van de werkplek. Het is ontworpen om werkomgevingen efficiënter en effectiever te maken door middel van visuele managementmechanismen.

1.2 Het elimineren van alle 8 verspillingen met 5S

5S is een methode die kan helpen vele soorten verspillingen uit een proces te elimineren, vooral als de mensen die in het gebied werken, de denkwijze achter het concept begrijpen en reageren op de visuele aanwijzingen die ermee samenhangen. Als lean draait om het elimineren van verspilling uit een proces, en 5S een hulpmiddel is waarmee je alle soorten verspilling kunt elimineren, dan is het volkomen logisch dat alle organisaties hun lean-reis beginnen met een 5S-implementatie.

In het vorige hoofdstuk hebben we al besproken dat 5S een hulpmiddel is om je te helpen jouw werk op de veiligste en meest efficiënte manier mogelijk te maken. Als ik het heb over efficiëntie, bedoel ik de snelheid waarmee je een bepaalde taak kunt uitvoeren. Hoe sneller een taak uitgevoerd kan worden, hoe efficiënter het wordt. Efficiëntie kan een concurrentievoordeel worden als je er als team in slaagt om een bepaalde hoeveelheid output te krijgen met minder inspanning dan de concurrenten, of in een kortere tijdspanne dan zij. Maar zelfs in algemene termen is tijd een hulpbron die niet verspild mag worden, want tijd is iets dat voor altijd verloren is.

Dit brengt ons bij één van de kernelementen van de lean-filosofie: het verminderen van deze verschillende vormen van tijdverspilling die geen waarde toevoegen aan onze mensen, onze producten of onze klant. In populaire lean-literatuur worden deze tijdrovende activiteiten bestempeld als 'verspillingen' en de traditie beschrijft acht vormen die deze verspillingen kunnen aannemen.

De eerste categorie verspilling is die van **defecten**. Of het nu gaat om een kapot onderdeel, een kapot product of een kapotte machine, alle gebreken leiden tot vertragingen. Vertragingen resulteren in een afname van de algehele operationele efficiëntie. Op een 5S-conforme werkplek waar alle onderdelen juist geplaatst en gelabeld zijn, kunnen de wijzigingen van een operator, (van het gebruik van de verkeerde onderdelen in de productie of een verkeerd gereedschap voor de machine) verminderd, zo niet volledig geëlimineerd worden, wat betekent dat deze verschillende soorten defecten voorkomen kunnen worden.

Een andere efficiëntiebreker komt in de vorm van het meer maken van iets (bijvoorbeeld onderdelencomponenten, producten, voorraad) dan noodzakelijk is op basis van de bekende vraag. Deze categorie verspillingen wordt **overproductie** genoemd.
Het betekent dat je materiaal, machinetijd en/of menselijke uren besteedt aan (een deel van een) product dat nog niet door de klant benodigd wordt.
Overproductie leidt tot voorraden, omdat iets dat wordt geproduceerd terwijl het nog niet nodig is ergens zal moeten wachten, waardoor het als voorraad bestempeld wordt.
Over het algemeen hebben de meeste bedrijven een kleine voorraad als buffer voor vakantieperiodes waarin niet geproduceerd wordt, of om varianties in de klantvraag op te vangen. Deze buffers helpen ons de variantie in de vraag op te vangen en kunnen stabiliteit aan de productie geven en zijn daarmee dus prettig om te hebben. In puur zwart-wit termen is het echter zonde om tijd en energie aan een product te besteden als je niet zeker weet dat de klant het zal kopen en de organisatie er nu al voor betaalt. De vraag zal dus altijd zijn in hoeverre de voorraad daadwerkelijk gebruikt wordt om onvoorspelbaarheden te op te vangen en daarmee de efficiëntie verbetert, of zo groot is dat het de algehele efficiëntie juist vermindert.

Als het gaat om het beheren van voorraad, zullen 5S-standaarden een duidelijk gedefinieerd uitvoergebied bevatten met zowel een vast minimum als een maximum aantal wachtende producten.

Wat is het risico als de voorraad geen bovengrens (een maximum) bevat? En wat als er geen ondergrens (een minimum) aan de voorraad vastgelegd is?

■■

Het risico van het niet hebben van een bovengrens is overproductie. Er is een maximum nodig om de operators van een werkstation te laten stoppen met produceren en daarmee overproductie te voorkomen.
Het risico van het niet hebben van een ondergrens is machinestilstand, en dus wachttijden. Er is een minimum nodig om te voorkomen dat de machine op materiaal moet wachten, wat de volgende categorie van verspilling is.

Het derde type verspilling is **wachten**. De link naar efficiëntie is hier vrij eenvoudig: wanneer een machine op een product wacht, er een operator op een onderdeel wacht, of een bestelling wacht op een machine of persoon om aan te werken, staat het proces stil waardoor de efficiëntie daalt.
Redenen voor dit soort uitstel kunnen zijn dat een persoon op zoek moet naar een hulpmiddel, een product of een bestelling. Het eerder genoemde schaduwbord kan dit soort wachttijden voorkomen. Wanneer een medewerker zijn werk goed kan doen omdat hij nooit naar een hulpmiddel hoeven te zoeken, hoeft het proces ook niet te 'wachten' tot de medewerkers eindelijk de benodigde tools gevonden heeft.

De vierde verspilling wordt **onbenut talent** genoemd en deze verspilling kan op ten minste drie manieren worden verklaard.

Het eerste type onbenut talent gaat over het besteden van onze tijd aan dingen die ons niet uitdagen. Dit soort verspilling gaat opnieuw over mensen die de tijd moeten nemen om op zoek te gaan naar hulpmiddelen anders dan waar ze eigenlijk aan moeten werken. Als ik een getrainde technische operator ben, zou ik mijn 7,5 uur per dag willen besteden aan het bouwen van mijn technische product, en niet één uur per dag willen verspillen aan het zoeken naar de juiste schroevendraaier om de onderdelen van het product waar ik aan werk samen te stellen. Dit type werk omvat ook de tijd verspild aan alledaagse taken die een machine voor hen zou kunnen uitvoeren.

Het tweede type verspilling van onbenut talent, is het niet gebruik maken van de vaardigheden en kennis van mensen terwijl we verbeteringen stimuleren. De persoon die aan de lijn werkt, kent die specifieke lijn waarschijnlijk beter dan wie dan ook, en moet daarom altijd betrokken worden bij geplande wijzigingen. Hiermee stel je zeker dat de wijzigingen het leven daadwerkelijk gemakkelijker maken in de praktijk, en niet alleen op papier.
Het niet volledig ontwikkelen van mensen is een derde voorbeeld van onbenut talent. De toekomstige generatie van managers werkt mogelijk momenteel in de productielijn, dus we willen liever dat medewerkers tijd besteden aan training en het verbeteren van hun vaardigheden dan aan het zoeken naar onderdelen.

Het doel van 5S is dat mensen de werkplek zo organiseren dat ze nooit hoeven te zoeken naar onderdelen, hulpmiddelen of bestanden en zich kunnen concentreren op waar ze echt goed in zijn; het uitvoeren van de taken/ activiteiten waar ze bekwaam in zijn en het gebruik van hun expertise om verbeteringen aan te sturen. 5S vermindert daarom de hoeveelheid tijd die verspild wordt aan onbenut talent.

Transport is het volgende type verspilling en het beschrijft de tijd die wordt verspild door producten te verplaatsen zonder eraan te werken. Hoe minder tijd er nodig is om onderdelen en producten te verplaatsen, hoe meer tijd er beschikbaar is om ze daadwerkelijk om te zetten in het product of de producten die onze klanten willen kopen.

Wanneer het 5S-principe op fabrieksniveau wordt toegepast, kun je enorme invloed uitoefenen op de hoeveelheid transport die nodig is om producten en onderdelen binnen en tussen werkstations of afdelingen te verplaatsen.

De zesde verspilling is (te veel) **voorraden**. In termen van tijd vertaalt voorraad zich meestal in onnodige wachttijden, omdat materialen en producten die in bewerking zijn, ergens worden opgeslagen waar ze wachten om bewerkt te worden.
Naast de wachttijdaspecten brengt het houden van voorraden ook financiële kosten met zich mee omdat het kapitaal vasthoudt. Het vertegenwoordigt dood kapitaal omdat de materialen, producten of hulpmiddelen al betaald zijn, maar nog niet in gebruik zijn. Deze materialen of producten genereren pas omzet wanneer ze aan de klant verkocht worden.
Hoe groter de voorraad, hoe langer de wachttijd van de producten in die voorraad, en hoe langer het duurt voordat onze betaalde materialen de geplande bedrijfsomzet opleveren, en hoe meer bedrijfskapitaal je nodig hebt om de organisatie draaiende te houden.

Er zijn nog meer voorbeelden van kosten die gelinkt zijn aan voorraden. Kun je er een paar bedenken?

■ ■

Stel dat we zo veel voorraad hebben, dat we een apart magazijn nodig hebben om alles op te slaan. De kosten die daarmee gemoeid zijn, zijn onder andere: de huurkosten van een magazijn, de verzekeringen die nodig zijn om een magazijn te behouden, de verwarming van het gebouw, het schoonmaken van het gebouw, het transport van producten binnen het magazijn, het mogelijke verlies van producten die niet meer bruikbaar zijn doordat het product vernieuwd is, of doordat de 'tenminste houdbaar tot' datum verlopen is.

Wanneer 5S-standaarden worden toegepast op voorraadniveaus, zijn er meestal een vast aantal materialen of producten die in een bepaald wachtgebied geplaatst mogen worden. Door niet alleen een vaste locatie, maar ook een vaste hoeveelheid toe te wijzen aan deze producten, kunnen voorraden beheerd worden met visuele aanwijzingen die we in hoofdstuk 3.3 bespreken.

Beweging is de zevende verspilling. Waar "transport" de verspilling is waarbij producten of onderdelen zich onnodig verplaatsen, beschrijft beweging de draai- of verplaatsende bewegingen van een machine of een persoon waarbij geen product verplaatst wordt. Wederom is het voorbeeld van een persoon die rondloopt op zoek naar een hulpmiddel of informatie relevant. Het lopen naar een magazijn om een hamer op te halen is beweging, het terugbrengen van de hamer naar de werkplek is transport (in absolute termen) Binnen 5S richten we ons erop dat de medewerker met zo min mogelijk fysieke inspanning een deel, product of hulpmiddel bereikt om bewegingsverspilling tegen te gaan.

Ten slotte zijn er **extra bewerkingen**. Deze verspilling omvat al het extra werk dat een persoon of een machine doet om de klus te klaren. Dit soort "extra" werk kan vele vormen aannemen. Het gaat meestal om het besteden van meer energie en/ of inspanning dan nodig is. Een voorbeeld is opnieuw iets maken omdat we een defect in een product hebben gemaakt. Tijd en moeite besteden aan het maken van een product dat van veel hogere kwaliteit is dan de klant bereid is te betalen, is hier ook een vorm van.

Door het verminderen van defecten vermindert 5S ook de nabewerking en vermindert daardoor tijd en moeite die het team besteedt aan het creëren van de producten en of service.

Alle acht meest algemeen geïdentificeerde verspillingen kunnen worden verminderd door het praktiseren van 5S-principes. Dienovereenkomstig zal de volledige implementatie van deze praktijk resulteren in aanzienlijke productiviteitsverbeteringen.

Laten we nu eens kijken wat 5S eigenlijk is en hoe je het op elke werkplek kunt implementeren.

Samengevat:

- 5S adresseert alle 8 soorten van de meest algemeen erkende verspillingen ... indien correct geïmplementeerd.

1.3 Tools en methoden voor in elk van de 5S-fasen

5S bestaat uit 5 fasen en binnen elke fase kunnen meerdere hulpmiddelen worden toegepast. De vaste volgorde van de 5 fasen van 5S die elk met een 'S' beginnen is **scheiden, schikken, schoonmaken, standaardiseren,** en **standhouden.**

De eerste fase wordt **SCHEIDEN** genoemd. In dit stadium wordt een evaluatie uitgevoerd van de behoefte aan alles dat momenteel op de werkplek te vinden is. Voor elk onderdeel, materiaal of gereedschap in het gebied kun je de vraag stellen: is dit hulpmiddel/materiaal nodig om de taak uit te voeren? Zo ja, dan kan het onderdeel in het gebied blijven; indien nee of in geval van twijfel, wordt het onderdeel uit het gebied verwijderd en verplaatst naar de rode label zone.

De **rode label zone** is een aangewezen locatie in de fabriek of afdeling waarin alle materialen en hulpmiddelen kunnen worden geplaatst en "gelabeld" met een leeslabel dat aangeeft dat het item "onnodig" is voor productie.
Alle items die van verschillende werkstations verwijderd zijn worden geïdentificeerd met een rood label en verplaatst naar het aangewezen gebied.
Afbeelding één geeft weer hoe een rode label zone er in de praktijk uit zou kunnen zien. Merk op dat het gebied kan worden aangeduid met behulp van (rode) tape op de vloer.
Alle items in het gebied hebben een label dat is gekoppeld aan een document waarin wordt gedocumenteerd wat er zich in de zone bevindt. Het document wordt gebruikt om te documenteren wanneer het item naar of uit de zone is verplaatst en om welke reden.

Figuur 1: Een voorbeeld van een fysieke rode label zone en een bijbehorend label.

Het gebruik van een rode labelzone ondersteunt op deze manier het team bij het gebruiken van de 5S-principes als een **continu proces** in plaats van een incidentele actie. In plaats van één opruimsessie te hebben, kunnen onderdelen te allen tijde naar de rode label zone worden verplaatst.
Als blijkt dat een deel nodig is op een bepaald werkstation (dezelfde locatie waar het vandaan kwam of een ander werkstation) kan het onderdeel eenvoudig teruggebracht worden naar het werkgebied en dan worden opgenomen in de standaard (fase vier).

Een overweging die belangrijk is bij het implementeren van de rode labelzone, is de periode dat een item daar geplaatst mag worden voordat wordt besloten wat ermee moet gebeuren. Als het hulpmiddel bijvoorbeeld langer dan een gedefinieerde periode in de rode labelzone blijft, kan het teruggaan naar het magazijn, waar het mogelijk opnieuw kan worden gebruikt door het over te dragen aan een andere afdeling. Als geen enkele afdeling het onderdeel of gereedschap opnieuw kan gebruiken, kan het worden weggegooid, worden verkocht, of geveild aan werknemers.

Ik heb meerdere '5S rommelmarkten' meegemaakt in een van de bedrijven waar ik in het verleden voor gewerkt heb. Gelabelde items die 'over tijd" waren, werden tegen lage prijzen aan de werknemers verkocht en de opbrengsten aan een goed doel gedoneerd.

Naast het evalueren of we alles nodig hebben dat momenteel in het betreffende werkgebied te vinden is, moeten we ook nadenken over wat er misschien nodig is in de toekomst wat momenteel niet aanwezig is. Met andere woorden; terwijl er dingen die niet langer nodig zijn verwijderd worden, moeten dingen die nodig zijn worden binnengebracht.

Door dit gedeelte van de analyse uit te voeren en te kijken naar **welke hulpmiddelen ingebracht moeten worden** in de 5S-standaard, zou de kans kleiner moeten worden dat operators op zoek moeten naar hulpmiddelen (beweging) en ze terug moeten brengen naar de werkplek (transport) tijden.

Waar denk jij dat meer productiviteitswinst te halen valt: in het uitsorteren van zaken die niet nodig zijn op de werkplek, of het inbrengen van zaken die nodig zijn maar nog niet aanwezig waren?

■■

Mijn statement hier is gedurfd, maar ik denk dat het zoeken naar een werktuig of papier op een overvolle werkplek seconden-werk is, en het ophalen van een werktuig of papier op een andere afdeling minutenwerk. Mijn ervaring is dan ook dat er meer productiviteitswinst gemaakt kan worden door de juiste dingen in te brengen in de sorteer stap, dan door dingen uit te sorteren die de werkplek onoverzichtelijk maken.

Wanneer het verwijderen van items uit een werkgebied kan helpen om de werkplek op te schonen en orde te scheppen, is het de toevoeging van noodzakelijke items aan een werkplek wat de grootste impact heeft op de verbetering van productiviteit.

De tweede fase van 5S wordt **SCHIKKEN** genoemd. Nadat alles wat niet nodig is voor productieactiviteiten op de werkplek is verwijderd en op de juiste manier is verwerkt, kunnen de benodigde onderdelen en materialen een vaste locatie krijgen en eventueel een vaste hoeveelheid worden bepaald die op de locatie mag worden neergezet. Dit is een manifestatie van het "**3V" -principe**, waarbij elk vast onderdeel een vaste locatie heeft, met een vaste hoeveelheid.

Een voorbeeld van het vaststellen van deze standaarden is het gebruik van gekleurde lijnen op de vloer om aan te geven waar iets tijdelijk geplaatst mag worden. In mijn ervaring heeft tape de voorkeur boven verf, vanwege het gebruiksgemak en de verwijderbaarheid waarmee je aan het begin van de 5S reis standaarden kunt veranderen wanneer nodig.

Een ander voorbeeld is het gebruik van schaduwborden waarop hulpmiddelen en gereedschappen kunnen worden gehangen. Het doel van het markeren van de locatie voor elk hulpmiddel op het bord, is om het gemakkelijk zichtbaar te maken wanneer een hulpmiddel ontbreekt. De operator heeft nu de kans om te reageren om het missende hulpmiddel terug te vinden, voordat hij het direct nodig heeft.

Binnen enkele seconden, moet iedereen die langs loopt opmerken of er iets ontbreekt of niet.
Dit wordt binnen lean kringen de **drie-seconden regel** genoemd: binnen 3 seconden zou je moeten kunnen zien of het team alle tools, materiaal en informatie heeft om hun werk te kunnen doen. Figuur 2 toont een voorbeeld van een schaduwbord van een fabriek in Italië, waar je kunt zien welke hulpmiddelen ontbreken door te kijken naar de vorm van de witte lijnen.

Helaas is er geen wereldwijde standaard voor het gebruik van **verschillende kleuren** voor tape voor op de vloer. Er zijn echter aanbevolen standaarden door OSHA en ANSI.

Figuur 2: Voorbeeld Schaduwbord, waarbij de witte lijnen aangeven dat de vorm van het hulpmiddel ontbreekt.

Mijn persoonlijke aanbeveling voor het gebruik van kleuren, die aan de OSHA en ANSI norm voldoet, is als volgt:
- Geel: geeft de grenzen van het werkstation aan.
- Blauw: geeft werk aan wat werk in uitvoering is.
- Groen: geeft het product aan waarvan de bewerking is afgerond
- Rood: duidt defecten en de rode label zone aan.
- Geel-zwarte strepen: duidt plaatsen aan waar niets geplaatst zou moeten worden, bijvoorbeeld een ruimte voor bewegende deuren, machines of binnen looppaden.

De derde fase van 5S is **SCHOONMAKEN**, een activiteit waar werknemers gedeeltelijk of volledig verantwoordelijk voor zijn, afhankelijk van de aard en omvang van de werkplek.
Elk team of individu in kwestie moet zijn of haar eigen speciale machines of werkstations toegewezen hebben om op gezette tijden schoon te maken. Schoonmaken is een doorlopende activiteit, geen eenmalige gebeurtenis. Het is belangrijk dat machines schoongemaakt worden (en mogelijk zelfs onderhouden) door operators die ze gebruiken, omdat waarschijnlijk niemand een

machine beter kent dan de operator die de machine dagelijks gebruikt.

Een van de grootste voordelen van het hebben van het zogenaamde schoonmaakschema, is dat deze operators **kleine afwijkingen kunnen ontdekken** die bij gebruik optreden, voordat ze defecten veroorzaken. Dit betekent dat het doel van de schoonmaakfase niet alleen het reinigen van de machine is, maar ook de fase waarin de operators kunnen reageren op afwijkingen van de standaard. Dit is binnen de lean filosofie een belangrijk voorbeeld van lean denken en handelen: het reageren op afwijkingen wanneer je de machine schoonmaakt om mogelijke problemen te voorkomen.

Binnen een productiefaciliteit kunnen verschillende werkgebieden met verschillende kleuren aangewezen worden op een lay-out overzicht van de faciliteit om aan te tonen welk team of individu verantwoordelijk is voor welk gebied.

Het slechts éénmaal schoonmaken van een machine vormt dus geen acceptabele 5S-standaard. Het schoonmaken als onderdeel van 5S gaat over het definiëren van een **schoonmaakschema** dat het meest geschikt is om ervoor te zorgen dat de machines of werkgebieden ten alle tijden in een goede staat verkeren, en helpt mogelijke defecten en/ of vertragingen te voorkomen.

Hetzelfde geldt voor hulpmiddelen op het schaduwbord. Afhankelijk van de branche waarin je werkt, kan een licht beschadigd gereedschap een grote invloed hebben op de kwaliteit van het product en op de productiviteit van de productie. Het is daarom belangrijk om te bespreken met welk interval en niveau van reiniging in jullie specifieke situatie nodig is.

Het uitvoeren van de schoonmaakfase is uit mijn ervaring vaak een controversieel onderwerp, wat leidt tot discussies onder medewerkers over de beste manier van het uitvoeren van deze activiteit.

Aan de ene kant is het schoonhouden van de werkplek duidelijk een wenselijk streven en het is een belangrijk onderdeel van het werken zoals het bedoeld is; met name als het gaat om het bereiken en in stand houden van de hoogste kwaliteitsniveaus voor de producten en/ of diensten die aan klanten worden aangeboden.

Aan de andere kant heeft de tijd die wordt besteed aan het schoonmaken van machines en vloeren een negatieve invloed op de efficiëntie van het proces op de korte termijn. Een bestedingsduur van 30 minuten vandaag kost me vandaag 30 minuten aan productietijd. De uitdaging zal daarom zijn om een schoonmaakschema te ontwerpen dat de tijd die we investeren in proactief reinigen in evenwicht blijft, met de tijd die het in de toekomst bespaart in termen van minder kwaliteitsproblemen.

Hoewel het schoonmaken van de machine mogelijk verband houdt met de technische vaardigheden van de werknemer die er werkt, wordt het schoonmaken van de vloer meestal niet als een taak met toegevoegde waarde door de machinebediener beschouwd, hoewel deze nog steeds van invloed kan zijn op de kwaliteit van het product. Wie welk deel van de schoonmaak doet is daarom ook altijd een onderwerp van discussie.

Naast de discussie over wie wat doet en hoe vaak, moet er ook aandacht zijn voor het verkorten van de tijd die nodig is om de werkplek schoon te houden. We komen hierop terug tijdens de standhoud-fase.

Binnen lean kringen is er een bekende quote over 5S, van Hiroyuki Hirano, een Japanse 5S expert, die zei:

> "Good workplaces develop beginning with the 5Ss.
> Bad workplaces fall apart beginning with the 5Ss."

Kun je op basis van wat hierboven beschreven is over schikken en schoonmaken deze quote uiteggen?

▪ ▪

5S heeft te maken met cultuur. Een goed team houdt zich aan de standaarden, schikking van tools, en het schoonmaakschema en reageert op afwijkingen zodra zij optreden. 5S heeft voor dit team een startpunt gerealiseerd om een cultuur te creëren waarin mensen reageren op visuele signalen. Hun ontwikkeling is begonnen!

Minder goede teams zijn de teams die deze culturele verandering niet succesvol doormaken. 5S maakt dit falen van reageren overduidelijk voor alle andere teams in de organisatie. Dit zijn de teams die zich nog niet verder hebben ontwikkeld, en dus geen stap in de richting van een lean cultuur gemaakt hebben.

De vierde S in het beoefenen van 5S is de fase **STANDAARDISEREN**. Zoals bij elke andere afspraak over de manier van werken, moeten de lay-out en organisatorische afspraken van de werkplek in de standaard vastgelegd worden.

Als het gaat om het specificeren van een werkplekstandaard voor netheid en organisatie, volstaat het meestal om een **foto** van de werkplek of een deel van de werkplek te plaatsen, samen met een uitgebreid schema.

Het is ook een goede gewoonte om alle **3V**-informatie (vaste plaats, vast onderdeel, vaste hoeveelheid) te visualiseren op de vloer of muren binnen de toegewezen lijnen. Nogmaals, het belangrijkste doel van 5S is om elke waarnemer in de gelegenheid te stellen afwijkingen zo snel mogelijk te identificeren. Als een aangewezen locatie bijvoorbeeld leeg is, willen we graag weten wat er ontbreekt, zodat we sneller kunnen uitvinden waarom.

Het publiceren van de 5S-standaarden voldoet aan die vereiste. Figuur 3 toont twee foto's van verschillende 5S-standaarden in de praktijk bij twee van de fabrieken waar ik in het verleden heb gewerkt.

Het linker voorbeeld heeft 4 afbeeldingen (van verschillende hoeken) van een werkgebied in de gestandaardiseerde configuratie. Omdat deze standaard op het werkgebied aan de muur hangt, kan een operator (of iemand anders) de vergelijking maken tussen de huidige toestand van het werkgebied en hoe deze onderhouden zou moeten worden.

In het voorbeeld aan de rechterkant van figuur 3 is er slechts één afbeelding in het document, maar het bevat ook een lijst met de belangrijkste items voor dat gebied, en een schoonmaakschema. Een bijkomend voordeel dat voortkomt uit het hebben van een duidelijk gedocumenteerde standaard (die in de bovenstaande voorbeelden één-bladzijde zijn), is dat ze gebruikt kunnen worden als trainingshulpmiddelen als het gaat om het trainen van nieuwe operators over hoe de werkplek georganiseerd is en waarom het nodig is om het in die toestand te behouden.

Ten slotte zullen de gevestigde 5S-standaarden (zoals alle standaarden) als uitgangspunt dienen voor het verbeteren ervan.

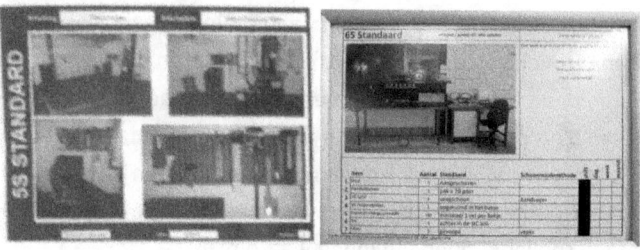

Figuur 3: Twee voorbeelden van een 5S-standaard

Alleen als er een goed gedocumenteerde standaard is van de huidige staat van de werkplek zoals afgesproken met alle teamleden, kunnen verbeteringen van de standaard besproken worden. Dit komt omdat als er geen standaard als startpunt voor de discussie is, teamleden mogelijk iets verbeteren dat niet hoort te gebeuren of iets verbeteren dat in het verleden al door anderen gestandaardiseerd is.

Verbeteringen kunnen bestaan uit de behoefte aan minder hulpmiddelen op een werkstation, een verbetering van de ergonomie of het verkorten van de tijd die nodig is om het werkstation schoon te houden. Een standaard kan dus in de loop van de tijd gewijzigd worden als dat nodig is.

De vijfde en laatste S in het 5S-model staat voor **STANDHOUDEN** en dit is de moeilijkste fase om in de praktijk te implementeren. Het is moeilijk omdat deze fase teruggrijpt op alle voorgaande stadia om ervoor te zorgen dat de standaarden die ontwikkeld zijn op de juiste manier worden onderhouden en bijgewerkt worden waar nodig. De standhouden fase heeft daarom twee hoofddoelstellingen: het handhaven van de huidige standaard zoals deze door het team is afgesproken, en het identificeren van verbeteringen wanneer de standaarden niet langer relevant of volledig zijn.

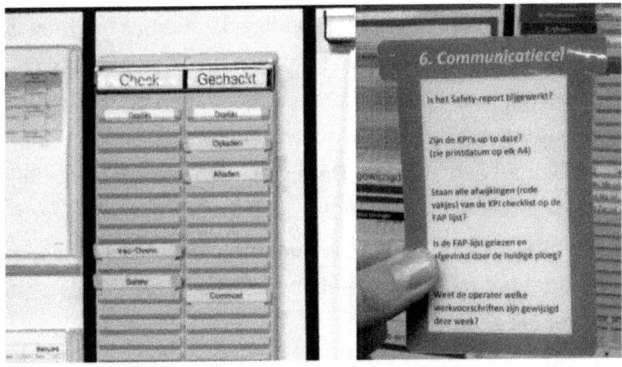

Figuur 4: voorbeeld van een T-kaart en een mini-auditkaart

Een hulpmiddel dat kan worden gebruikt om te controleren of de standaarden worden gehandhaafd, is een mini-audit. Door korte vragen te schrijven op een **T-kaart** (een kleine kaart in de vorm van een T zodat deze gemakkelijk op een planbord past), kan iedereen een mini-audit uitvoeren in een gebied naar keuze. De kaarten kunnen vragen bevatten zoals: "Worden alle materialen op de opgegeven locatie geplaatst?", "Ontbreekt er iets dat u nodig heeft om uw werk goed of beter te doen?", "Worden de hulpmiddelen op het schaduwbord volgens de norm schoongemaakt?"
De eenvoudigste manier om een dergelijke audit uit te voeren, is door elke T-kaart te koppelen aan de standaarden die in de vorige stap zijn gedefinieerd, wat in dit voorbeeld leidt tot één T-kaart per standaard.

Figuur 4 toont een voorbeeld van een T-kaartsysteem dat wordt gebruikt in een Nederlandse fabriek. Aan de linkerkant wordt een bord met verschillende T-kaarten getoond waarop de mini-auditkaarten worden bewaard en op de werkvloer toegankelijk zijn. De rechterafbeelding toont een voorbeeld van één T-kaart in de hand van een operator, waarop het gebruik van een teambord wordt beoordeeld.

Als er behoefte is aan een meer grondige 5S-audit, is het mogelijk om een langere **lijst met vragen** te maken op A4-papier. Zo'n langere lijst kan verschillende categorieën vragen bevatten. Ten eerste kunnen de vragen worden gegroepeerd volgens de gebieden binnen een afdeling. Deze gebieden vertegenwoordigen de locaties op een werkstation die één voor één gecontroleerd moeten worden. In dit geval is de audit opgedeeld in 4 delen in plaats van dat het papier 4 afbeeldingen omvat, met specifieke vragen over elk gebied.

Ten tweede kan de grotere auditvorm vragen bevatten die specifiek zijn ontworpen om het niveau van verfijning op elk van de 5 fasen van 5S aan te geven. Dit zou het mogelijk maken om de 5S-volwassenheid van een team te beoordelen op basis van hun voortgang in elk van de 5 fasen. Vragen bij dit soort audits kunnen zijn: vragen over de rode label zone en het gebruik ervan in de eerste fase, het gebruik van schaduwborden en de lijnen op de vloer in de tweede fase, of schoonmaken volgens het schoonmaakschema in de derde fase, enz.

Ten derde kan het uitgebreide auditformulier vragen bevatten die zijn ontworpen om het algehele niveau van begrip van 5S in het team te meten. Vragen als "wat betekent 5S?", "Waarom willen we 5S implementeren" en "welke voordelen biedt de 5S-standaard u als team dat in dit gedeelte (afdeling) werkt?" zijn nuttig om de kennis en begrip van 5S binnen de organisatie te vergroten.

Figuur 5 hieronder toont twee voorbeelden van 5S controle-formulieren. Het linker voorbeeld toont een voorbeeld uit Duitsland dat het formaat toont met vragen voor elke fase van 5S.

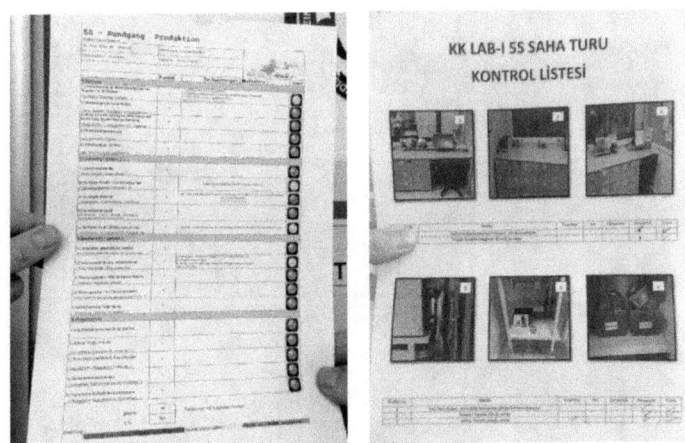

Figuur 5: twee voorbeelden van een 5S-auditformulier

Het voorbeeld rechts is een meer afgekort voorbeeld uit een Turkse fabriek en toont een combinatie van afbeeldingen en gebiedspecifieke vragen.

Kijk op www.mudamasters.com om een 5S audit te downloaden die ik heb ontworpen.

Het voordeel van een gestructureerde vragenlijst is dat de antwoorden op de vragen gescoord kunnen worden en de algemene scores getabelleerd kunnen worden. De **algehele score van de 5S-audit** kan dienen als een indicator voor de mate van volwassenheid van de afdeling en het personeel dat wordt geauditeerd. U kunt deze resultaten delen met het betrokken team(s) en deze gebruiken om de volgende reeks actiestappen uiteen te zetten die moeten worden genomen om de score te verbeteren.
Om een idee te geven over hoe ver het mogelijk is om vooruitgang te boeken bij het promoten van een 5S-initiatief, zal ik een van de meest uitgebreide **5S-borden** delen die ik tot nu toe heb gezien. Het wordt getoond in figuur 6.

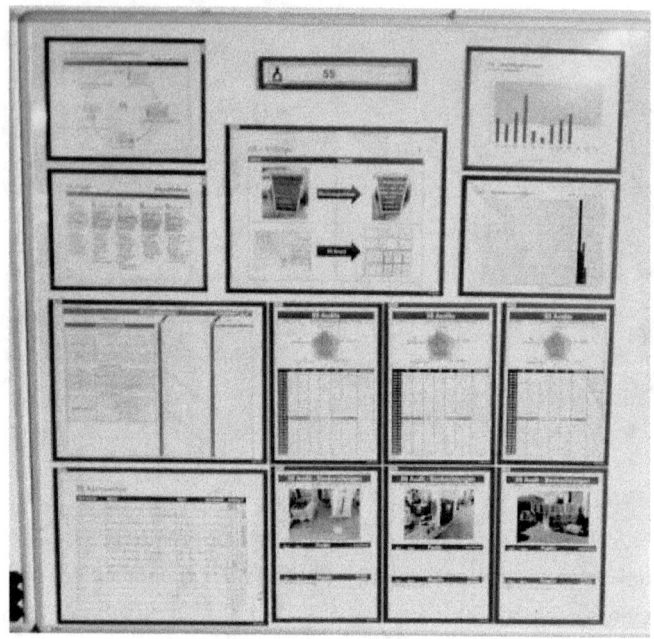

Figuur 6: een voorbeeld van een 5S-bord

Dit bord bevat het volgende:
1) Een inleiding van de 5S methode,
2) Voor en na foto's van de laatste verbeteringen van de 5S-standaarden,
3) Een overzicht van wie de 5S mini-audits doet, wanneer ze gepland zijn en wanneer ze uitgevoerd zijn,
4) Een lijst met open 5S-acties om de standaard te verbeteren,
5) De laatste 5S-auditscore
6) Een trendlijngrafiek samengesteld uit de auditscores in de loop van een jaar voor elk van de drie werkplekken van deze afdeling.
7) Een KPI-record van hoeveel 5S-verbeteringen wekelijks in de loop van een jaar zijn geïmplementeerd.

Wanneer ik een 5S-audit doe en er geen specifieke kaarten of formulieren met vragen zijn, gebruik ik de foto die als standaard op de werkvloer wordt weergegeven. Ik vergelijk het met wat ik om me heen zie. Als ik een verschil zie, kan ik een teamlid vragen wat er aan de hand is door simpelweg naar de standaard te verwijzen en te vragen waarom de huidige staat niet meer lijkt op de standaard die overeengekomen en gepubliceerd is.

Voor de eerste 4 fasen van 5S speelt het team zelf de belangrijkste rol. Zij definiëren uiteindelijk hun eigen standaarden (uiteraard met input van ondersteunende afdelingen). Welke groep in de organisatie denk je dat de belangrijkste rol speelt in de standhoud fase?

■■■

Het zijn de leidinggevenden die in deze fase de belangrijkste rol spelen, om 5S onder de aandacht te houden. Zij kunnen mini-audits doen en hun teamleden aanspreken op het niet reageren op visuele hints die 5S standaarden geven. Ook kunnen zij support bieden in het verbeteren van de standaarden, zoals in de volgende hoofdstukken wordt beschreven.

Op basis van mijn ervaring zijn de rode label zone (voor scheiden) en de 5S mini-audit (voor standhouden) de belangrijkste hulpmiddelen in de 5S gereedschapskist. Beide spelen een cruciale rol bij het levend houden en functioneren van de 5S-methode zowel als een belangrijk onderdeel van de dagelijkse bedrijfsvoering. Ze helpen het geloof of de gedachte te voorkomen dat het beoefenen van 5S slechts een eenmalig of een eens in de zoveel tijd ding is.

Als het bijvoorbeeld gaat om het hulpmiddel de rode label zone, kunnen items die niet bij een werkstation horen voortdurend gelabeld worden en naar de rode label zone worden verplaatst voor verdere actie. Iedereen is dan vrij om het te verwijderen en terug te brengen naar een werkstation waar het thuishoort of nodig is. Of, als blijkt dat het item een functie had op de oorspronkelijke werkplek, kan een vaste locatie op het werkstation gemaakt worden en kan de 5S-standaard worden bijgewerkt.

En dat is het! De eenvoudige principes van 5S, met zijn relatief eenvoudige hulpmiddelen om elk van de 5S-stadia te implementeren en te ondersteunen, en daarbij bij te dragen aan het verminderen van verspilling en het stimuleren van zowel lokale als algehele productiviteit. Het is belangrijk om in gedachten te houden dat "eenvoudig" niet hetzelfde is als "gemakkelijk". Van alle fabrieken die ik tot nu toe bezocht heb, beschikte slechts een handvol van hen over een functionerend 5S-systeem dat inderdaad tot hogere productiviteitsniveaus leidde.

En deze laatste zin wekt de vraag op wat er gebeurt op alle andere implementatie fabrieken? Waarom zijn 5S-initiatieven niet altijd een succes? Deze vragen zullen worden beantwoord in het volgende hoofdstuk.

Samengevat:
- Het 3V-principekan helpen locaties op de vloer en op schaduwborden te markeren om het gemakkelijk zichtbaar te maken als er iets ontbreekt.
- Alle 5S-standaarden moeten gedocumenteerd worden voor trainingsdoeleinden, en kunnen worden gebruikt als uitgangspunt voor verbeteringsinspanningen.
- De rode label zone en de 5S mini-audit zijn twee hulpmiddelen die ervoor zorgen dat 5S een continu proces is in plaats van een eenmalige gebeurtenis.

Hoofdstuk 2:
Veel voorkomende problemen met 5S

In hoofdstuk 1 bespraken we wat 5S is en hoe het alle acht verschillende vormen van verspilling kan verminderen; wanneer correct geïmplementeerd. Ik durf zelfs te concluderen dat je als organisatie een groot rendement kunt behalen met een minimale investering. Waarom zou een organisatie de 5S-principes en het bijbehorende handelen niet willen implementeren als dit zou bijdragen aan het verminderen van verspilling en het verbeteren van de productiviteit, om maar te zwijgen van de werkomgeving gezonder en veiliger te maken voor de werknemers?

Helaas is mijn persoonlijke ervaring wanneer ik verschillende organisaties bezoek, dat de meeste 5S-initiatieven als mislukkingen worden beschouwd of dat ze in elk geval niet de voordelen opleveren die worden verwacht of haalbaar zijn.

In dit hoofdstuk zal de nadruk liggen op het analyseren van de situaties in de drie fabrieken die ik beschreef in de inleiding: De Engelse fabriek waarin de 5S-standaarden na 5 jaar volledig verdwenen waren, de Zweedse fabriek waar het management de zeer gemotiveerde operators die werden belast met de uitvoering van de 5S-principes en -praktijken niet ondersteunden, en de Amerikaanse fabriek waar de gevestigde standaarden werden gehandhaafd, maar niemand werkelijk het doel erachter begreep.

2.1 5S-standaarden vergaan na verloop van tijd

Terug naar het voorbeeld van de fabriek in Engeland beschreven in de inleiding. Een groep Duitse collega's en ik bezochten deze fabriek in Engeland die verondersteld werd het beste voorbeeld te zijn van een 5S-implementatie binnen ons bedrijf.

Na de middag op de werkvloer doorgebracht te hebben met het observeren van de huidige staat van productielijnen, ontstonden er veel vragen. Vragen zoals: "Waarom wisten de personeelsleden van het hoofdkantoor niet dat de belangstelling voor en de inspanningen betreffende 5S de afgelopen vijf jaar langzaam afnamen?", "Waarom nodigde de Engelse fabriek ons uit om de fabriek te bezoeken, terwijl hun 5S-initiatief niet echt aanwezig is?" En - natuurlijk de meest cruciale vraag: "waarom slaagden de Engelse fabrieksmedewerkers er niet in om de 5S-standaarden te handhaven?"

Ik moet zeggen dat een analyse van de oorzaak van de eerste twee vragen zeer inzichtelijk zou zijn, maar voor de doeleinden van dit boek - dat is om de lezer te helpen de ware kracht van 5S-principes te begrijpen en hoe de lezer het op de juiste manier kan implementeren, zodat de productiviteit van een organisatie verbeterd kan worden en hun klanten positief verrast worden - zullen we ons alleen concentreren op de derde vraag.

Hoe komt het dat zoveel organisaties hun 5S-inspanningen niet volhouden en eindigen zoals de Britse fabriek deed? Ze spenderen tenslotte zoveel tijd en moeite aan het opschonen en organiseren van hun werkplekken, maar desondanks, soms binnen een paar maanden, lijken de nieuw vastgestelde standaarden bijna vergeten. Het lijkt mij dat 5S-initiatieven die dit traject volgen, tijdverspilling zijn. Waarom? Omdat de tijd en energie die erin werd gestopt geen voordelen op lange termijn voor het bedrijf opleverden. En dat is jammer, want 5S kan je zoveel brengen!

In het vorige hoofdstuk zijn een aantal van de verschillende 5S-hulpmiddelen die deel uitmaken van de metaforische 5S-gereedschapskist behandeld. Wanneer je het vorige hoofdstuk hebt gelezen, heb je wellicht al geraden wat er in de poging tot implementatie van de Britse fabriek ontbrak. Om het lange termijneffect van 5S te waarborgen zijn de volgende twee dingen essentieel: de mini-audit en de rode label zone.

Op de korte termijn spelen de mini-audits een belangrijke rol bij het voortzetten van het initiatief en het schema. Zonder deze semiofficiële evaluaties waarbij werknemers controleren of alles nog werkt zoals in het verleden was afgesproken, is het slechts een kwestie van tijd voordat de dagelijkse afleidingen/beslommeringen de oorzaak zijn om het schoonmaken van een machine over te slaan of er voor zorgt dat vergeten wordt om dat hulpmiddel terug te brengen naar de plek waar het hoort, zodat het beschikbaar is voor de volgende dienst. Mensen zijn immers geen software script waarin je simpelweg een code kunt herschrijven. Het kost ons mensen tijd en veel oefenen om een nieuwe gewoonte aan te leren.

Een van de meest genoemde waardoor het een team niet lukt om 5S-standaarden te volgen en te verbeteren, is dat ze soms werken aan een speciaal product waarvoor een specifiek hulpmiddel nodig hebben, een speciaal proces dat verschilt van de normale productmix. Het team verandert daarom de lay-out van de werkplek voor **één specifieke situatie die niet voldoet aan de standaard**, wat op zich nog niet het vergaan van de standaard hoeft te betekenen. Vooral in omgevingen waar gewerkt wordt aan honderden verschillende producten met verschillende dimensies, is het misschien onmogelijk om één enkele lay-out te definiëren die nuttig of geschikt is voor de werkzaamheden voor alle producten.

Ik begrijp dan ook dat tijdens een ploegendienst hulpmiddelen in gebruik zullen zijn en dat materialen van plaats naar plaats kunnen worden verplaatst, zodat de operator ze kan gebruiken wanneer ze aan een bestelling werken. Het moet echter een gestandaardiseerde praktijk zijn, dat aan het einde van de werkorder (vroegst) of aan het einde van de dienst (het laatst) de werkplek wordt teruggebracht naar zijn schone en geordende standaard configuratie.

Dezelfde manier van denken en doen geldt in de kantooromgeving. Neem bijvoorbeeld een situatie waarbij een kantoormedewerker betrokken is bij het uitvoeren van een complexe digitale taak waarvoor er gewerkt wordt met meerdere papieren dossiers om informatie te verwerken en te analyseren. Het is niet het doel van een kantoorgerichte 5S om te voorkomen dat werknemers enorme stapels papierwerk op hun bureau hebben liggen. Het doel zou moeten zijn om de kantooromgeving aan het eind van de dag naar een schone en goedgeordende toestand terug te brengen en alleen papierwerk op het bureau te houden voor de taak waaraan gewerkt wordt.

Een optie om de nodige focus te houden als het gaat om het hebben van een schoon gebied aan het einde van de dienst, is om een **prestatie indicator of een checklist op het teambord** weer te geven (een bord aan de muur op de verzamelplaats waar het team op routinebasis samenkomt om prestaties en mogelijke verbeteringen te bespreken) en vraag het team of ze alle hulpmiddelen, apparatuur en materialen tegen het einde van de dienst op hun respectievelijke standaardlocaties terugzetten. Dit geeft het team de mogelijkheid om de 5S-standaarden dagelijks aan te pakken en het helpt het team ervoor te zorgen dat, hoe buitengewoon het werk van die dag ook was, tegen het einde van de werkdag alles terug in de standaardconfiguratie te zetten.

In dit voorbeeld zijn het individuele doel van het 5S-bord (beschreven in het vorige hoofdstuk) en de dagelijkse meeting structuur die gebruik maakt van fysieke borden om de prestaties te visualiseren gecombineerd. De 5S-auditresultaten worden in dit geval eenvoudigweg één van de prestatie-indicatoren op het bord. En aangezien deze controleresultaten een belangrijk aandachtspunt en focus zijn, wordt het team voortdurend uitgedaagd om verbeteringen te definiëren die in hun gebied kunnen worden nagestreefd om deze 5S-score in toekomstige audits te verbeteren. Deze management structuur wordt in het volgende hoofdstuk in meer detail beschreven.

Het tweede hulpmiddel die van het 5S-initiatief een continu proces maakt in plaats van een opruim-dag, is het implementeren van de rode label-zone. Het hebben van een duidelijk afgebakende zone op de werkvloer die toegankelijk en veilig is voor mensen om binnen te komen en te inspecteren, bij voorkeur op een positie waar veel mensen langskomen, maakt het mogelijk om afwijkingen te visualiseren en iedereen aan het continue sorteerproces te laten deelnemen.

Telkens wanneer een item in de rode label zone wordt geplaatst - wat vaak gebeurt na een 5S-audit - of wanneer iemand een onderdeel of hulpmiddel vindt dat niet in de standaard opgegeven configuratie hoort, moet er een discussie plaatsvinden tussen de teamleden die zich richten op hoe een bepaald item daar terecht is gekomen en of het daadwerkelijk nodig is voor de huidige bewerking.

Deze discussie kan en zal meestal leiden tot het nemen van een van de drie mogelijke acties: De eerste mogelijkheid is dat het item in kwestie wordt teruggebracht naar de juiste standaard-gespecificeerde locatie. De tweede mogelijkheid is dat wordt bepaald dat het item in de huidige bewerking nodig is maar nog geen deel uitmaakt van de standaardconfiguratie. In dit geval kan de 5S-standaard worden bijgewerkt met het nieuwe item. De derde mogelijkheid is dat het item definitief wordt verwijderd.

Het op deze manier gebruiken van de Rode label zone geeft een organisatie een ingebouwd mechanisme voor het bijwerken van 5S-standaarden wanneer operationele vereisten veranderen. In essentie is de actualisering en verbetering van de standaarden die nodig zijn om het initiatief te ondersteunen, ingebouwd in het 5S-model als een iteratieve evaluatie- en verbeter lus.

Het is belangrijk om hier te benadrukken dat de leidinggevenden van een organisatie de primaire verantwoordelijkheid hebben om dit rode label zone-principe voortdurend te laten functioneren. Lezers die ook mijn boek *Lean transformations* gelezen hebben, zullen zich wellicht herinneren dat één van mijn favoriete citaten is dat een hulpmiddel slechts een manier is om de problemen zichtbaar te maken, en dat het de mensen zijn die moeten reageren om het geconstateerde probleem op te lossen.

Wat denk je dat er gebeurd met de 5S standaarden als ook leidinggevenden de visuele management signalen negeren?

▪▪

Wanneer niet alleen teamleden, maar ook hun leidinggevenden signalen van afwijkingen negeren ontstaan er vertragingen en productiviteitsverlies, en mogelijk geen cultuur van discipline en continue verbetering.

In gevallen waarin het lijkt alsof iedereen het overduidelijke feit negeert dat een item verkeerd geplaatst is en dat het item nu in de rode label zone verblijft, zal het een kwestie van tijd zijn voordat mensen stoppen met het sorteren van dingen die ze niet nodig hebben. De kans op het vinden van de volgende verbetering van een 5S-standaard zal verdwijnen en uiteindelijk ophouden. Daarom is leiderschap op managementniveau van groot belang voor alle 5S-implementatie-initiatieven.

Dat is de afsluiting van de situatie in de Engelse fabriek en brengt ons naar de tweede fabriek die ik in de inleiding heb beschreven. In tegenstelling tot de Engelse fabriek waar de mini-audits en de rode label-zone als belangrijke componenten in de totale 5S-implementatie ontbraken, zodat 5S kon worden toegepast als een continu en duurzaam proces, beschikte de Zweedse fabriek over beide hulpmiddelen.

Wanneer de hulpmiddelen aanwezig zijn, maar de resultaten niet worden gerealiseerd, kunnen we een ander soort probleem hebben. Dit wordt het onderwerp van het volgende hoofdstuk.

Samengevat:

- Gebruik de mini-audits om de 5S-standaarden te handhaven.
- Gebruik de rode label zone en teamdiscussies om de 5S-standaarden bij te werken.

2.2 5S is niet ingebed in de organisatie

Lean methoden bestaan om problemen te visualiseren, maar het zijn de mensen die deze problemen vervolgens zullen moeten oplossen. Het ware doel van 5S is om afwijkingen op de werkplek te visualiseren en mensen de mogelijkheid te bieden om ze op te lossen voordat ze leiden tot kwaliteitsproblemen of vertragingen. In het vorige hoofdstuk hebben we over het belang van het label principe en het auditprincipe gesproken om ervoor te zorgen dat 5S-denken ingebed raakt in de organisatie (zoals dat dat in management termen heet) en het niet alleen een eenmalige actie is.

Maar wat gebeurt er als beide elementen aanwezig zijn, maar 5S nog steeds geen meetbare resultaten oplevert? Dit was het geval in de Zweedse fabriek die ik eerder beschreef. Het implementatieteam had een fantastisch 5S kick-off trainingsprogramma voor hun 5S-implementatie, waarbij alle productieteams in de fabriek een volledige dag van 5S-training ondergingen met een externe trainer. Het doel van deze training was om de eerste 5S-standaarden te creëren die tijdens de eerste implementatiefasen gebruikt zouden worden.

Na dit trainingsprogramma werden schaduwborden gemaakt, machines schoongemaakt en werd zelfs gediscussieerd over het verbeteren van het transport van bestellingen tussen verschillende afdelingen (een onderwerp waar we in het volgende hoofdstuk op terugkomen, over hoe 5S de productiviteit zal verbeteren).

Bovendien definieerden de teams hun eerste standaarden op de werkvloer met behulp van foto's van hun respectievelijke verantwoordelijkheidsgebieden. Elk van deze foto standaarden bevatte een gedeelte onder elke afbeelding om de belangrijkste punten voor dat gebied uit te leggen. Ten slotte had het team mini-audit T-kaarten gemaakt die ten minste eenmaal per dag voltooid moesten worden.

Daarna gebeurde er niets meer. Na al dat werk te hebben gedaan en een enorme initiële vooruitgang te hebben geboekt, hadden de teams moeite om de standaarden bruikbaar te houden. De reden voor hun voortdurende strijd was te wijten aan de complexiteit die werd geassocieerd met het coördineren van standaarden in alle betrokken locaties. Dientengevolge had elk team enkele maanden nadat de eerste 5S-trainingsworkshops werden gehouden zijn eigen standaarden en routines, maar negeerde dat van de andere teams.

Geloof het of niet, ik zie dit soort dingen routinematig gebeuren in een breed scala van organisaties en productieafdelingen. Het gebeurt niet alleen met 5S, maar ook met andere programma's waarbij methoden en/of processen worden geïmplementeerd in een organisatie die zouden moeten helpen met het creëren van een cultuur van continue verbetering. Helaas komt het begrip 'inzet' voor veel van dergelijke organisaties eenvoudigweg neer op het organiseren van een trainingssessie van een uur met alle teams van belanghebbenden, waarna de leden van dit team aan hun lot worden overgelaten om iets zinvols te doen met hun nieuwe kennis en vermeende procesverbeteringsmogelijkheden.

Hoe kan deze situatie worden voorkomen? De oplossing kan gevonden worden in het ervoor zorgen dat elk continu verbeteringsgericht initiatief onderdeel wordt van het DNA van een organisatie. Dit betekent dat 'verbeteren' is ingebed in de dagelijkse manier van werken, en dat de 5S principes nauw geïntegreerd moet zijn met alle andere processen en ondersteunende hulpmiddelen die al routinematig worden gebruikt.

Er zijn ten minste twee andere lean-hulpmiddelen in gebruik waarmee de 5S-gerelateerde principes, werkwijzen en activerende hulpmiddelen nauw kunnen worden geïntegreerd: de 'dagelijkse meeting structuur' en het 'standaard werk voor leidinggevenden'.

Laten we elk van deze bestaande lean-hulpmiddelen nader bekijken, te beginnen met de **dagelijkse meeting structuur**. Deze structuur omvat het uitvoeren van dagelijkse stand-up meetings waarin de prestatiedoelstellingen zijn vastgelegd van de top van de organisatie naar de werkvloer (vaak via proces van beleidsimplementatie of, in het Japans: *Hoshin Kanri*). De prestatiedoelstellingen worden op teamborden gemeten en dagelijks besproken. Eventuele problemen in verband met deze prestatiedoelen die niet onmiddellijk op dat niveau kunnen worden opgelost, worden van de werkvloer naar de top van de organisatie terug geëscaleerd, zodat de managers op het hoogste niveau hun functie kunnen vervullen ter ondersteuning van elk van hun teams in een doorlopend probleemoplossend proces dat moet plaatsvinden. Deze heen en weer reeks van feedbacklussen wordt grafisch weergegeven in figuur 7.

De bedoeling achter de dagelijkse meeting structuur is dat elk team een dagelijkse bespreking van 10 minuten heeft (meestal aan het begin van de dienst), waarbij de prestaties van de dag ervoor en de doelstellingen van vandaag door de teamleden worden besproken. Elk team heeft doelstellingen die speciaal voor hun afdeling zijn gedefinieerd, maar die direct gekoppeld zijn aan de doelstellingen van de gehele organisatie.

Een productieteam heeft bijvoorbeeld een geplande tijd om een order te produceren, die direct gerelateerd is aan het wekelijkse productieplan dat doelgericht is opgezet (meestal op productiesysteemniveau),

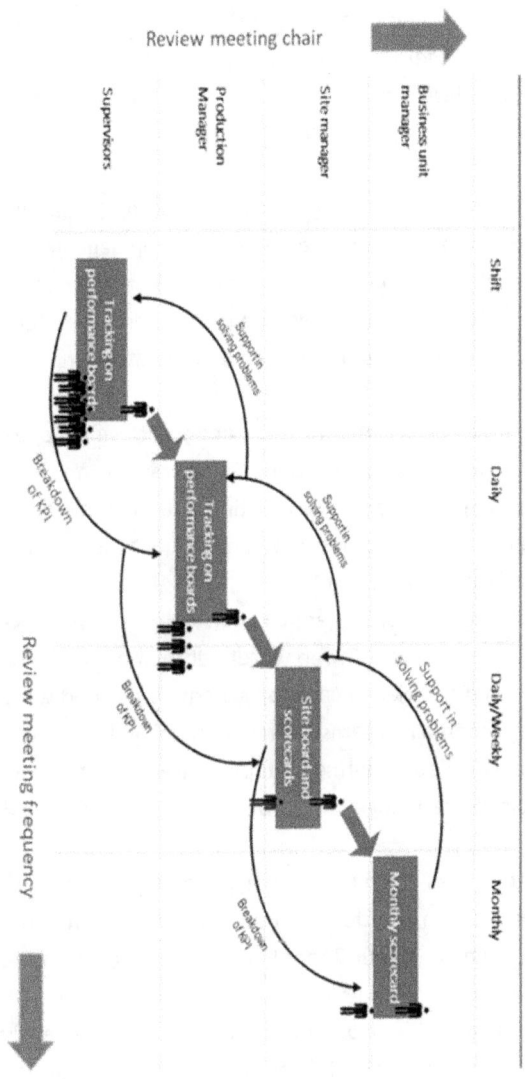

Figuur 7: Voorbeeld dagelijkse meeting structuur

die op zijn beurt van invloed is op de prestatie-indicator die door het fabrieksmanagementteam wordt gebruikt om de tijdige bezorgingsprestaties voor de hele fabriek te meten, bijvoorbeeld *On-Time-In-Full* (OTIF) of *Schedule Adherance*.

Er ontstaat een boomstructuur van bordmeetings, waarbij de informatie van verschillende team meetings op dagelijks niveau naar de dagelijkse management meeting 'vloeit', waardoor het management op de hoogte is van de problemen die de teams ervaren waardoor zij hen beter kunnen ondersteunen.

Het hebben van een teambord heeft een positieve invloed op de effectiviteit van de teambespreking. Ten eerste vormt de lay-out van het bord de agenda van de meeting. Wanneer het team alle onderdelen van het bord bespreekt, heeft het automatisch alle agenda onderdelen afgerond.
Ten tweede wordt gebruik gemaakt van kleuren en grafieken om alle KPI's te visualiseren. Groen wordt gebruikt om aan te geven wanneer een prestatie indicator op schema is en rood wanneer het niet op het schema is. Teams kunnen dan ook in hun meeting reageren op de kleurcodering. Complimenten voor het team als de KPI groen is, en een mogelijke verbeteractie wanneer de KPI rood is.

Alle verbeteracties die in de meeting gedefinieerd worden, en follow-ups daarvan, worden ook op het bord bijgehouden en goed zichtbaar gemaakt. Figuur 8 toont een voorbeeld van een teambord.

De dagelijkse meeting structuur is slechts een van de vele krachtige lean-hulpmiddelen die beschikbaar zijn en voor de geïnteresseerde lezers van dit boek, wordt dit in mijn boek *Lean transformations* in meer detail beschreven.

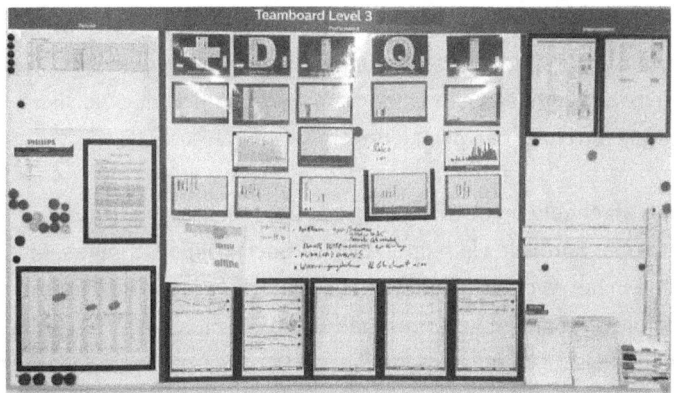

Figuur 8: voorbeeld van een teambord met op het middelste gedeelte; KPI's, trends en acties

Voor nu, in de context van een 5S-implementatie, zou ik willen focussen op hoe de dagelijkse meeting structuur kan worden gebruikt om het naleven van 5S-principes te ondersteunen.

Aangezien alle teambesprekingen meestal voor het teamboard worden gehouden - elke dag met behulp van rode en groene indicatoren om de prestaties te bespreken - kan het onderwerp 5S en alle gerelateerde acties gemakkelijk aan het bord toegevoegd worden.

Als het gaat om het plaatsen van KPI-prestaties in een teamboard, moet elke indicator duidelijk herkenbaar zijn en een grafische weergave van zijn trend in de loop van de tijd bevatten, wat betekent dat het gemakkelijk waarneembaar is hoe de prestaties van het team ten opzichte van elke indicator in de loop van de tijd veranderen; bij voorkeur in de richting van een gewenste toekomstige toestand, de verbeterdoelstelling. Als de trendlijn in de tijd statisch of plat is en/ of niet op een gewenste manier verandert, zijn acties die door het team zijn gedefinieerd mogelijk niet voldoende geweest om een bepaald probleem op te lossen en een gewenste verandering tot stand te brengen. Dienovereenkomstig kan de behoefte aan een meer dramatische interventie worden geëscaleerd naar een niveau hoger in de organisatie.

Zoals afgebeeld op de afbeelding van het teambord in figuur 8, bevat het bord alle elementen die hierboven zijn beschreven. Met name in het middelste gedeelte zijn vijf rode/ groene indicatoren te zien die de teamleden kunnen gebruiken om de huidige prestaties van de huidige dagen in rood of groen te coderen (meestal wordt de prestatie van één maand per stuk papier weergegeven). Hieronder wordt een grafiek van de prestatietrend gedurende het hele jaar tot nu van diezelfde indicator weergegeven. Onderaan het bord kunnen alle acties die noodzakelijk zijn gebleken voor de voortdurende verbetering van elke specifieke indicator zichtbaar worden opgeschreven.

Het gebruik van deze dagelijkse meeting structuur leent zich er ook goed voor om 5S-gerelateerde problemen aan te pakken. Teams kunnen hun eigen acties en problemen bespreken en de resultaten van hun 5S mini-audits publiceren op het teambord (of ernaast op een apart 5S-bord).

Waarom is het belangrijk om de resultaten van de 5S audit met het hele team te bespreken?

■ ■

Het antwoord op deze vraag kan vanuit verschillende aspecten worden gedefinieerd. Het eerste aspect is cultuur. Wanneer we de audit willen gebruiken om een cultuurverandering tot stand te brengen waarin medewerkers reageren op visuele indicatoren, is de slagkracht groter wanneer een audit met 10 personen besproken wordt, dan met slechts 1 persoon. Het bespreken van de audit in teamverband heeft daarom een voorkeur over het bespreken van de audit één op één. Ten tweede helpt de audit met het identificeren van mogelijkheden voor verbetering in de organisatie van de werkplek. Wanneer het hele team deze audit bespreekt, kunnen zij direct gezamenlijk een actie definiëren waar het hele team achter staat.

In het geval dat het team niet in staat is om de verbeteractie zelf uit te voeren, kan de actie worden geëscaleerd naar de team meeting op het volgende niveau in de organisatie.
Natuurlijk is het dan aan het leidinggevend personeel dat boven het team staat om op een juiste manier te reageren; dat wil zeggen, op een manier die hun teams ondersteunt en hen voorziet van de middelen die ze nodig hebben om het probleem op hun niveau op te lossen.

Wanneer het gebruik van 5S geïntegreerd is met de dagelijkse managementstructuur, nemen alle lagen van de organisatie deel aan het 5S-initiatief, wat betekent dat wanneer mensen problemen hebben op de werkvloer, ze steun van hun manager(s) moeten krijgen, of de manager(s) van die manager, om te helpen bij het oplossen van problemen die niet direct op de productievloer opgelost kunnen worden.

Het tweede hulpmiddel dat vaak wordt toegepast door organisaties die de lean reis maken en gekoppeld moet worden aan het 5S-initiatief, wordt **standaard werk voor leidinggevenden** genoemd. Dit hulpmiddel definieert al het standaardwerk dat continu moet worden uitgevoerd door de ondersteunende (dat wil zeggen niet-productie) functies en leidinggevenden. Standaard werk voor leidinggevenden is in de praktijk vaak een checklist waarin alle dagelijkse, wekelijkse en maandelijkse taken van een functie worden samengevat.

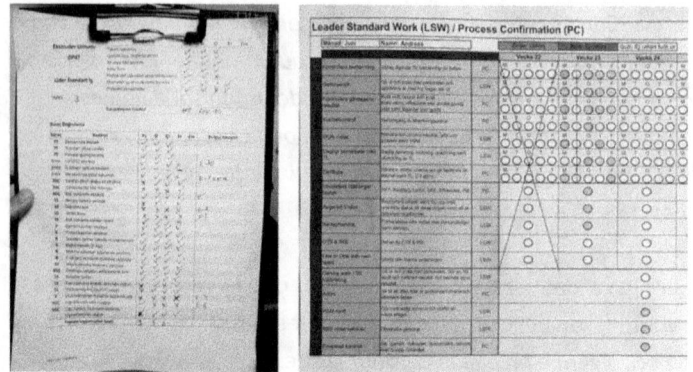

Figuur 9: voorbeelden van het standaardwerk voor leidinggevende

Elk formulier bevat alle taken voor een maand, en gedurende de maand kan de persoon in kwestie aanvinken of de taken volgens plan zijn uitgevoerd of niet. Je kunt het formulier ook zo ontwerpen, dat het inkleuren van de taken met rood en groen de status van het standaard werk op elk moment binnen die maand visueel overzichtelijk maakt.

In figuur 9 zijn twee voorbeelden van een standaard werk voor leidinggevendensjabloon afgebeeld. Hierin is zichtbaar dat er acties zijn die dagelijks, wekelijks en maandelijks routinematig uitgevoerd moeten worden (aangegeven met een wit vakje dat elke dag, week of maand afgevinkt kan worden).

Bij gebruik van dit lean hulpmiddel zijn er twee elementen van bijzonder belang voor een succesvolle implementatie van 5S. De eerste is het toevoegen van 5S mini-audits aan het standaard werk voor elke leidinggevende. Een eerste stap van implementatie zou zijn om de taak "5S mini-audit in gebied X" op te sommen als een wekelijkse taak op de agenda van elke leidinggevende. Een stap verder zou zijn om ook de doelstelling te beschrijven om één of meer verbeteringen aan een 5S-standaarden aan te brengen.

De taakomschrijving van elke leidinggevende zou in dat geval kunnen zijn: "Voer 5S-audits uit en vind tenminste één verbetering". Deze omschrijving maakt concreet wat het doel van het uitvoeren van 5S audits is: het vinden van de volgende 5S verbetering, met als hogere doelstelling het nastreven van verbeterde prestaties van het team.

Helaas is het eenvoudigweg aangeven van een doel op de werkvloer en het betrekken van werknemers bij 5S-discussies niet altijd genoeg om de gewenste verandering in het heersende denk- en gedragspatroon teweeg te brengen. Gelukkig is er meer dat kan worden gedaan om de behoefte aan en motivatie voor de gewenste verandering te vergroten. Hier komt de kleurcodering van het standaard werk voor leidinggevenden aan te pas. Omdat de sjabloon is ingesteld als een prestatie indicator, is het mogelijk om de sjabloon te gebruiken om het succespercentage op de teamborden in elk werkgebied of voor elke manager te volgen.

Wanneer het standaard werk op deze manier is gedefinieerd, kan er een regelmatige discussie plaatsvinden over de vraag of elke manager in de organisatie alle taken op zijn dagelijkse en wekelijkse lijsten heeft voltooid, en zo niet: wat er dan gedaan kan worden om ervoor te zorgen dat de audit de volgende keer wel aan de verwachtingen voldoet? Deze discussie helpt elke manager om te verduidelijken wat zijn of haar precieze taak inhoudt, en wat er van hem of haar verwacht wordt.

Ik ben in de praktijk niet zo streng dat ik een score van 100% voltooiingspercentage van iemands standaard werk voor leidinggevenden verwacht. Ik weet dat het bedrijfsleven uitdagend en veeleisend kan zijn en dat er altijd een aantal belangrijke zaken zullen zijn die je af kunnen leiden van wat gedaan moet worden en de benodigde tijd vergen. Als gevolg hiervan is het misschien niet mogelijk om elke dag naar de werkvloer te gaan om een 5S-audit uit te voeren. In een periode van 4 weken (de manier waarop de standaard werk voor leidinggevenden sjabloon wordt opgesteld in figuur 9 hierboven), is het echter niet acceptabel dat men nooit een mini-audits uitvoert.

Op basis van mijn persoonlijke ervaring zou ik streven naar een succespercentage van 3 uit 4 in dit voorbeeld en een discussie te hebben met het team van managers als het erop aankomt als zij nooit de tijd kunnen vinden die ze nodig hebben om 5S audits uit te voeren. 1 keer per maand een audit overslaan is niet direct een probleem, maar wanneer we de prestaties van alle teams in de organisatie willen verbeteren spelen de audits een cruciale rol, en dus kunnen de audits niet continu uit de agenda worden geschrapt. Het goede nieuws over het voeren van dit soort gesprekken met teamleiders is het feit dat ze ook kunnen leiden tot het creëren van andere verbetermogelijkheden. Tijdsdruk is slechts één mogelijke reden voor iemand die niet naar de werkvloer gaat om de mini-audit te voltooien. Het zou mogelijk kunnen zijn - afhankelijk van hoe het 5S-programma werd geïntroduceerd en hoe nieuwe medewerkers georiënteerd worden, dat een persoon niet beseft hoe belangrijk 5S is om de productiviteit in zijn of haar werkgebied te handhaven.

Ikzelf vind het verbazingwekkend dat veel bedrijven nog helemaal geen standaard werk voor leidinggevenden en/of indirecte functies op papier hebben. Wat is het risico hiervan?

■ ■

Wanneer er een wisseling plaats vind in wie een bepaalde rol uitvoert, helpt de standaard om de nieuwe leidinggevende in 1 overzicht te zien wat er van hem of haar verwacht wordt. Dit zorgt voor continuïteit in de functie. Uiteraard kunnen er verbeteringen aan de standaard worden aangebracht, maar het is niet de bedoeling dat leidinggevenden vanuit het niets een compleet nieuwe werkwijze ontwikkelen en veel goede gewoonten onbewust overboord gooien. En dit laatste is precies wat ik tegenkom in de praktijk. Ik heb zelf meegemaakt dat 5S initiatieven en zelfs hele Lean initiatieven zijn geëindigd met een wisseling van 1 persoon in de organisatie!

Het koppelen van 5S aan de dagelijkse meeting structuur en aan standaard werk voor leidinggevenden zijn slechts twee manieren om een organisatie te helpen 5S in te bedden en te voorkomen dat het een op zichzelf staand proces of project wordt.

Door 5S aan deze beide lean methoden te koppelen kunnen problemen van elke willekeurige werkplek worden geadresseerd op het juiste managementniveau en iedereen in de organisatie helpen zijn 5S-standaarden te verbeteren, zodat de elke werkplek zo efficiënt en effectief mogelijk kan worden georganiseerd.

Samengevat:

- Koppel 5S aan de dagelijkse meeting structuur om het onderdeel te maken van de dagelijkse prestatiediscussies in de organisatie.
- Maak 5S onderdeel van het standaard werk voor leidinggevenden om ervoor te zorgen dat elke leider betrokken is bij de 5S-discussies en audits.

2.3 5S leidt niet tot een productiviteitsstijging

Laten we ons nu voorstellen dat een organisatie alle tools heeft geïmplementeerd zoals ik deze tot nu toe heb beschreven. Er zijn 5S-standaarden op elke werkplek geïmplementeerd, het volledige personeel is opgeleid in het gebruik van 5S als tool. De leidinggevenden doen hun 5S audits, vinken deze taken af op hun Standaard werk voor leidinggevenden-checklist, en de resultaten van de audits worden gepubliceerd op de teamborden en besproken met het team. Dit zijn de aspecten van 5S die we met onze ogen kunnen zoen. De tools van 5S. Aangezien 5S meer is dan alleen de tools, moeten we ons het volgende afvragen bij het gebruik van 5S: 1) Waarom doen we dit alles? En 2) Wat is het voordeel van het feit dat mensen elke dag al deze kleine audits uitvoeren?

Deze vragen zouden de Amerikaanse fabriek die ik in de inleiding beschreef kunnen helpen. Het 5S systeem werkte als een goed geoliede machine waarin elke persoon een rol speelde op een "tool"-niveau. Iedereen zijn mini-auditronde en bracht situaties terug naar hun standaard, maar de audits hielpen het team niet om de prestaties verder te verbeteren. In dit soort situaties, moeten we een beetje dieper graven om te begrijpen hoe dat komt.

Als je de vorige hoofdstukken gelezen hebt over de doelen van 5S, heb je het verbeterpunt misschien al ontdekt. De eerste reden waarom 5S niet tot meetbare resultaten leidt is dat mensen niet weten dat het doel van 5S is om de productiviteit te verbeteren door de acht soorten verspilling te verminderen. Een tweede reden is de dat de eerder beschreven drie elementen die in de vorige hoofdstukken zijn besproken ter ondersteuning en aanmoediging van continue verbetering niet volledig of correct worden gebruikt:

de mini-audit, standaard werk voor leidinggevenden en de teamborden. Laten we nu eens in detail bekijken hoe een organisatie met deze drie methoden meer aandacht kan besteden aan productiviteitsverbetering, te beginnen met de mini-audits.

De **mini-audit** wordt traditioneel gebruikt voor het 'ondersteunen' van de vijfde 'S' van 5S, maar voor mij is Standhouden slechts de helft van wat het voor een organisatie kan betekenen. Als belanghebbenden in een organisatie weten dat de mini-audit kan worden gebruikt om verbeteringen op de werkplek te definiëren, zullen de vragen die in de audit worden opgenomen waarschijnlijk anders zijn dan wanneer de audit niet op deze manier wordt gebruikt.

Ik adviseer daarom een tweedelige 5S mini-auditstructuur voor het nastreven van continue verbetering. Het eerste deel bestaat uit speciale gebruiksvragen met betrekking tot het ondersteunen van de huidige standaarden, en het tweede deel bevat vragen die helpen bij het definiëren van de volgende verbetering die kan worden nagestreefd.

Voor het eerste deel zijn de volgende voorbeelden van de soorten vragen die doorgaans worden weergegeven in een mini-audit:
- "Heeft elk hulpmiddel een vaste locatie op het schaduwbord?"
- "Wordt het schoonmaakschema gevolgd?"
- "Wordt er in de juiste volgorde aan de bestellingen gewerkt?"
- "Kan iedereen binnen 3 seconden zien of het productieplan op schema is of niet?"

Voor het tweede deel zijn de volgende voorbeelden van vragen die verbeteringen in een werkgebied onderzoeken die kunnen worden gesteld aan de persoon die verantwoordelijk is voor dat station:
- "Wat zou u op dit gebied willen verbeteren?"

- "Wat is de grootste verspilling in dit gebied?"
- "Mist u een hulpmiddel of informatie die u in staat stelt om uw taak uit te voeren op een manier die beter is?"
- "Wat is uw grootste frustratie op het werk?"

Het doel van deze vragen is om een discussie te starten over hoe verdere verbetering(en) van de 5S-standaarden kunnen worden bereikt. Dit soort discussies vereisen ook het vermogen om een mogelijk nieuwe set van vaardigheden te ontwikkelen van de mensen die de mini-audits uitvoeren.

Wat voor impact denk je dat het toevoegen van dit soort vragen op de audit (kaart) heeft op de leiderschapsstijl van de persoon die de audit uitvoert?

■ ■

Deze vragen nodigen een coachende leiderschapsrol aan. In tegenstelling tot een audit waarin de baas directief opdrachten uit deelt, gaat hij of zij in dit geval met teamleden in gesprek om hen aan te moedigen een verbetering te identificeren.

Het begint met een verandering in houding van het simpelweg controleren van de huidige omstandigheden, tot een meer gerichte oriëntatie op coaching. Met deze nieuwe manier van denken en handelen wordt het mogelijk voor de personen die de audits uitvoeren om collega's te coachen en hen te helpen mogelijke verbeteringen in de werkomgeving te ontdekken en in het beste geval ook zelf te kunnen implementeren.

Het tweede hulpmiddel dat kan worden gebruikt om meer aandacht te besteden aan productiviteitsverbetering is het eerder beschreven **standaard werk voor leidinggevenden.** Nogmaals, het juiste gebruik van dit hulpmiddel is afhankelijk van de taal die wordt gebruikt bij het definiëren van de taak van de manager. Wanneer de taak van een manager wordt gedefinieerd als "een 5S-audit uitvoeren", is de impliciete verwachting iets minder vergeleken met wanneer de taak wordt gedefinieerd als "een 5S-verbetering vinden met een operator binnen afdeling X". Het gaat allemaal om het communiceren van verwachtingen en het aanpassen van de bewoordingen om een nieuwe manier van denken en gedrag te weerspiegelen.

Toen ik als *Continuous Improvement Manager* werkte in de glasfabriek die ik al eerder beschreef, had ik als onderdeel van mijn standaard werk voor leidinggevenden 1 uur ingepland voor mijn *gemba-ronde:* de lean term voor een wandeling in de fabriek om met mensen te praten, meer te weten te komen over de processen en verbeteringen te bespreken met de mensen die in het proces werken.

Mijn doel bij het uitvoeren van deze gemba-rondes was om minstens 1 verbetering te vinden die in de fabriek kon worden gemaakt. Soms was het enige wat ik nodig had om dit doel te bereiken, om één gebied te bezoeken en één gesprek te voeren met een collega. Maar op andere dagen moest ik 7 verschillende gebieden bezoeken en 7 korte gesprekken voeren voordat ik een verbetering tegenkwam tijdens het samenwerken met een operator.
Op weer andere dagen leidden de audits helemaal niet tot verbetering, wat voor mij volkomen prima is. Ik vind het onredelijk om van elke manager te verwachten dat hij elke dag een verbetering vindt.
Als deze trend zich echter over een langere periode voortzet en een manager geen enkele verbetermogelijkheid kan vinden, is er iets mis, en heeft de manager waarschijnlijk behoefte aan coaching die

hem of haar kan helpen bij het uitvoeren van 5S-audits op een productievere manier.

Het derde hulpmiddel dat gebruikt kan worden om teamleden te helpen hun werkgebieden beter te beheren, zijn wederom de **teamborden.** Wanneer ze worden gebruikt als onderdeel van het dagelijkse managementsysteem, kunnen ze helpen om de discussies van alle teams te begeleiden bij het bespreken van de acht verspillingen en hoe ze het best kunnen worden beperkt of volledig kunnen worden geëlimineerd.

In dit opzicht weten lezers van mijn boek *Lean Transformations* al dat ik groot voorstander ben van het hebben van vijf categorieën van prestatiemetingen op elk bord: **veiligheid, kwaliteit, levering, kosten** en **mensen** om aandacht te vestigen op kritieke operationele problemen/ zorgen. In dit verband stel ik voor dat teams de kostenkolom gebruiken om het type verspilling te meten dat het meest voorkomt in hun werkgebied, zodat ze dit dagelijks kunnen aanpakken.

Dit betekent dat de teams al een duidelijk idee moeten hebben over de grootste verspilling (en) in hun gebied. Als ze geen idee hebben, zou het uitvoeren van een *verspillingsanalyse* nuttig zijn bij het ontwikkelen en onderhouden van dit perspectief. Daarom is de *verspillingsanalyse* een van de instrumenten die in het volgende hoofdstuk worden beschreven.

Het aanpassen van de onderwerpen van de gesprekken die plaatsvinden tijdens een 5S-audit en tijdens teammeeting is een goed startpunt voor het creëren en ondersteunen van de soorten productiviteitsverbeteringen die doorgaans gewenst zijn en worden verwacht van een 5S-implementatie. Maar de beste manier om 5S te implementeren zou zijn om deze verbeteringsgesprekken met het team te hebben zodra je aan de eerste 5S-workshop begint.

Het volgende hoofdstuk beschrijft een aantal extra hulpmiddelen die kunnen worden gebruikt wanneer een 5S-initiatief nog niet is gestart. In essentie zijn dit hulpmiddelen die ingezet kunnen worden als voorbereiding voor een 5S-initiatief, zodat de kans groter is dat de eerste 5S-implementatiepoging tot een meetbare productiviteitsstijging leidt.

Samengevat:

- Neem vragen op in de 5S audits die verbetering van de 5S-standaarden aanmoedigen.
- Neem "een verbetering vinden" op als een taak in het standaard werk voor leidinggevenden in plaats van "voer een 5S-audit uit".

Hoofdstuk 3:
Voorkom deze problemen in uw 5S-implementatie

In het vorige hoofdstuk heb ik beschreven wat er misging in de fabrieken in Duitsland, Zweden en de Verenigde Staten bij hun pogingen om 5S te implementeren. Ook heb ik in die context de tegenmaatregelen beschreven die kunnen worden toegepast om dit type problemen te corrigeren:

Als eerste bespraken wij de Engelse fabriek die 5S bij de eerste poging niet succesvol geïmplementeerd had. Hun probleem was het om de gecreëerde 5S standaarden op langere termijn te kunnen vasthouden. Als dit je bekend voor komt vanuit jouw eigen organisatie, is het meer dan waarschijnlijk dat de betrokken teams de rode label zone en de 5S-audits niet correct geïmplementeerd hebben.

Daarna kwam de 5S implementatie van een Zweedse fabriek, waar de praktijk van 5S met succes geïmplementeerd is en op een bepaald niveau gehandhaafd werd, maar het leidde niet tot echte veranderingen wat betreft continue verbetering. Dit kan ontstaan wanneer het gebruik van 5S niet verbonden met andere lean werkwijzen in de organisatie, zoals de dagelijkse meeting structuur en het standaard werk voor leidinggevenden.

Tot slot analyseerde wij de situatie van de Amerikaanse fabriek, waar er geen meetbare verbetering (en) in de totale productiviteit tot stand is gebracht als gevolg van lopende 5S-activiteiten. Situaties als deze ontstaan waarschijnlijk omdat er geen verspillinganalyse is uitgevoerd en/ of de juiste vragen niet worden gesteld in de 5S-audits en/ of standaard werk voor leidinggevenden.

Dit zijn allemaal relatief simpele concepten omtrent de tools van 5S (let wel: simpel is niet hetzelfde als eenvoudig) die gemakkelijk kunnen worden toegepast als oplossingen. Wanneer de 5S audit mist, is de eerste actie om deze te implementeren. Mist het team bord? Implementeer die dan.

Dit hoofdstuk gaat in op het maximaliseren van de voordelen van 5S, aan de hand van een aantal mogelijkheden die tot nu toe nog niet beschreven zijn:

1) Beslissen waar je in de organisatie het beste een 5S-pilot kunt starten, met als doel de kansen te maximaliseren om de meetbare resultaten te realiseren,
2) 5S presenteren als een continu proces in plaats van alleen als een opruimingssessie, en
3) Ervoor zorgen dat de verbetercyclus is opgezet, zodat de resultaten meetbaar worden in de kortst mogelijke tijd.

3.1 Hoe je een pilot locatie voor 5S kiest

De eerste stap naar het bereiken van het maximale potentiële voordeel van 5S is het kiezen van de eerste locatie om 5Ste implementeren. Er zijn verschillende manieren om deze locatie te identificeren.

Om te beginnen is het cruciaal om teams te identificeren die gemotiveerd zijn en ook de tijd hebben om te kunnen deelnemen. Vervolgens moet de locatie binnen de fabriek in overweging worden genomen. Toegankelijkheid, gemak van het verplaatsen van dingen, potentiële impact op de algehele productie of de complexiteit van het gebied waarin de pilot uitgevoerd kan worden, zijn allemaal belangrijke factoren. Als het vooral belangrijk is om zo snel mogelijk meetbare resultaten te krijgen, zou de 5S-pilot idealiter worden uitgevoerd in het gebied van die productieoperaties die momenteel de prestaties van het totale proces beperken; met andere woorden, een knelpuntgebied, ook wel de bottleneck genoemd.

Knelpunten in de productieflow zijn vaak (maar niet altijd) gemakkelijk te herkennen. Ze zijn de langzaamste processtap in de productiestroom en hebben daarom een zichtbare hoeveelheid voorraad die zich continu opbouwt voor deze processtap. De reden voor de voorraadopbouw is simpel: de productiestap of het werkgebied kan de snelheid van de productiestroom van de rest van de productielijn niet bijhouden. Het resultaat van deze knelpunten is dat processtappen waar het product na een knelpunt op bewerkt wordt moet wachten, en dus mogelijk stationair draait (capaciteitsverlies!).

Daarom is het voor het handhaven van de gewenste stroming van essentieel belang dat de productiviteit in dit knelpuntgebied verhoogd wordt. Wanneer een knelpunt met succes is opgeheven, heeft dit doorgaans een directe invloed op de productiviteitsprestaties van het hele proces en zal het positieve effect in meerdere afdelingen merkbaar zijn.

Één methode voor het identificeren van een knelpunt in het eind-tot-eind productieproces is de **WAARDESTROOMANAYLSE**. Dit is een visuele of grafische weergave van de volledige productiestroom van zowel materialen als informatie. De waardestroomanalyse maakt het ook mogelijk om de hoeveelheid tijd die een product of dienst in een proces stapsgewijs besteedt, te berekenen en te analyseren.

De tijd dat een product zich in het proces bevind, van het begin tot het eind om een bestelling te voltooien (tot de bestelling is voltooid), wordt de "doorlooptijd" of "productie-doorlooptijd" genoemd. Het belangrijkste is dat de waardestroomanalyse precies kan weergeven waar waarde wordt toegevoegd aan uw product of dienst (procesvakken), en hoe het product stroomt (efficiënt of inefficiënt) door het hele productieproces. De waardestroomanalyse laat ook het tegendeel zien: de plekken waar verspillingen plaatsvinden en het materiaal zich opstapelt en dus niet "stroomt".

Een waardestroomanalyse bestaat typisch uit 6 elementen, die met een stapsgewijze benadering worden uitgezet. Een voorbeeld van een waardestroomanalyse wordt getoond in figuur 10. Hier zijn de stappen die gevolgd werden om de kaart te maken:

1. Teken de processtappen - waar aan de producten/diensten wordt gewerkt en waarde wordt toegevoegd naarmate ze van stap naar stap gaan.
2. Schijf de meetwaarden onder elke processtap in de zogenaamde databoxen - deze vakken bevatten relevante informatie over elk van de stappen, zoals:

verwerkingstijden, cyclustijden, uitvaltijd, omsteltijden of algehele effectiviteit van de apparatuur.
3. Teken de verbindingsstukken die worden gebruikt tussen de processtappen. Deze tonen de manier waarop voorraad tussen de stappen door beheerd wordt: *one-piece flow*, *First In First Out,* een supermarkt of "ongestructureerd".
4. Teken de koppelingen die bestaan met zowel klanten als leveranciers - wordt het product op voorraad gemaakt of op bestelling gemaakt?
5. Creëer de doorlooptijdladder met alle verwerkings- en wachttijden - hier wordt duidelijk hoe lang het duurt om één bestelling voor een klant te maken, zoals afgebeeld zowel binnen elk van de processtappen en als wachttijd tussen de processtappen.
6. Teken de informatiestroom - dit is waar de informatie die nodig is voor elk van de processtappen wordt weergegeven, zodat elke stap weet waaraan moet worden gewerkt.

Deze zes stappen zijn hieronder in figuur 10 weergegeven met nummers; dit toont een relatief eenvoudig voorbeeld van een verfproductieproces dat bestaat uit drie stappen: voordosering, mengen en het vullen van verf.

Als je nog nooit een waardestroomanalyse gezien hebt, ziet deze afbeelding er waarschijnlijk ingewikkeld uit. Dat komt omdat er een grote verscheidenheid aan verschillende symbolen is die gebruikt om alle elementen weer te geven die typisch aanwezig zijn in een productieproces, zoals de procesvakken en de verbindingen tussen de procesboxen.

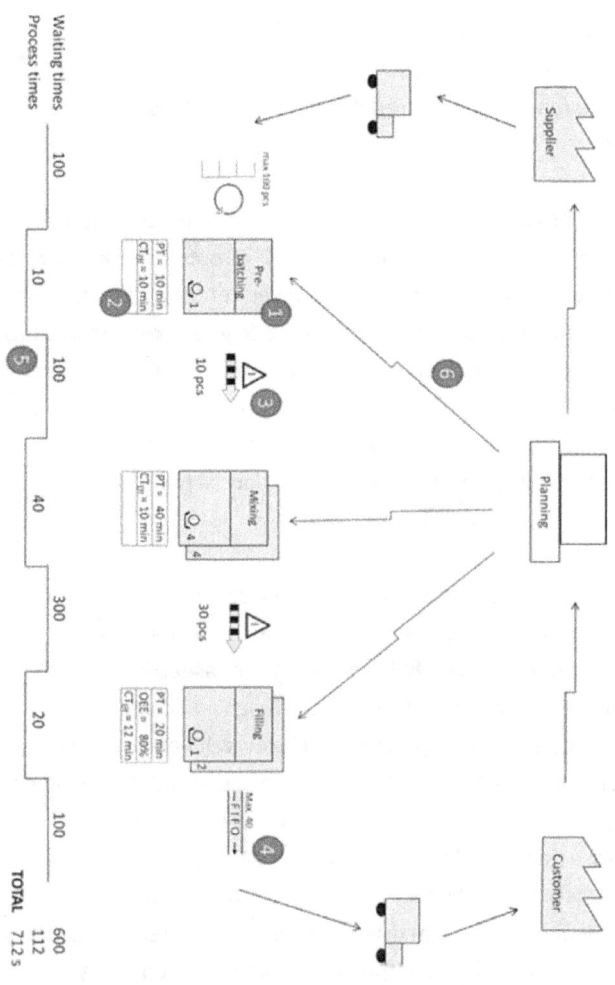

Figuur 10: Voorbeeld van een waardestroomanalyse

Voor een veel completer overzicht van de meest gebruikte symbolen in de waardestroomanalyse, kijk op **www.mudamasters.com** en zoek naar "waardestroomanalyse template".

Zoals reeds beschreven, is het belangrijk om die processtappen te kunnen identificeren waar er feitelijke en/ of potentiële knelpunten zijn die de totale processtroom kunnen verstoren. Dit is waar het mogelijk is om een waardestroomanalyse te gebruiken om de stap of stappen te bepalen die de snelheid van de hele lijn beperken, zodat een 5S-pilot daar uitgevoerd kan worden. Het deel van die analyse dat kan helpen dat te bereiken is stap nummer 2: de databoxen. Vind het knelpunt van de lijn aan de hand van de databoxen, en plan de 5S pilot op die plek.

Afhankelijk van de specifieke problemen waarvoor de waardestroomanalyse gebruikt wordt, kunnen de databoxen gebruikt worden om **verschillende op tijd gebaseerde** statistieken weer te geven. Gewoonlijk is de keuze tussen verschillende tijdmetingen gebaseerd op het ontwikkelen van een compleet beeld van de prestaties van elk werkstation, zoals: takt tijd, cyclustijd en procestijd - die hieronder in meer detail beschreven zullen worden. Deze statistieken zijn slechts drie van de meest gebruikte meetwaarden. Bovendien kan de cyclustijd verder worden onderverdeeld in wederom drie verschillende soorten: maximaal toegestane cyclustijd, ontworpen cyclustijd en effectieve cyclustijd. Laten we eens kijken naar hoe deze verschillende maten van tijd berekend of gemeten worden.

Afbeelding 11 toont een uitsplitsing van deze verschillende tijden. Vaak is het belangrijk om het onderscheid tussen beide te kunnen maken bij het analyseren en verbeteren van de stroom van een bepaalde waardestroom.

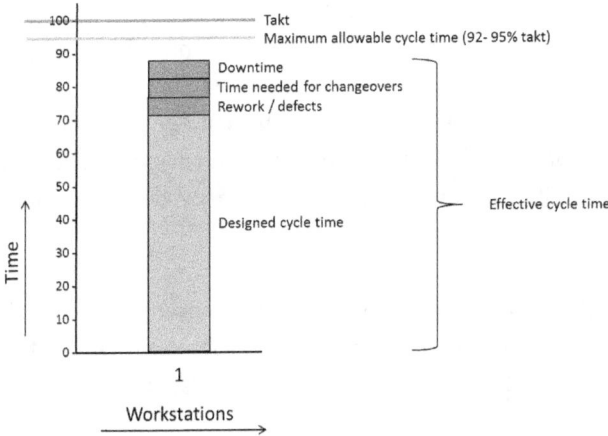

Figuur 11: Een visuele uitsplitsing van takt naar cyclustijden

We zullen eerst de horizontale lijnen in het diagram bespreken en daarna de tijden in de balkdiagram.

We beginnen met de **TAKTTIJD**, die het interval beschrijft waarin producten van de productielijn moet komen om aan de klantvraag te kunnen voldoen. De takt-tijd is in wezen de hartslag van de fabriek; en is een berekende tijd gebaseerd op de beschikbare productietijd gedurende een periode (bijvoorbeeld een shift) en het aantal producten dat gedurende diezelfde periode door de klant gevraagd wordt:

Takt = [Beschikbare productietijd]/
[Vraag van de klant voor product X]

Als je kijkt naar een typische werkdag in een fabriek, is de beschikbare tijd in West-Europa zeven en een half uur, of 450 minuten (bijvoorbeeld: de standaard achturige dienst minus dertig

minuten voor een betaalde lunchpauze en de beschikbare tijd productietijd is zeven en een half uur).
Als er een vraag van klanten is naar vijftien eenheden per dag, zou de takt-tijd van de productielijn 450 minuten zijn gedeeld door vijftien eenheden, wat uitkomt op dertig minuten per eenheid. Dit betekent dat er om de dertig minuten één afgewerkt product van goede kwaliteit van de lijn moet komen om aan de vraag van de klant te kunnen voldoen.

Terugkijkend op figuur 11, is de takt-tijd de bovenste horizontale lijn. En als de som van alle andere tijden (het maken van de stapel) onder die lijn blijft, kan aan de vraag van de klant voldaan worden.

Als het gaat om het ontwerpen of opnieuw ontwerpen van een waardestroom, is het meest logisch om het op zo'n manier te ontwerpen dat de takt-tijd ruimschoots gehaald wordt. Het is gebruikelijk en zelfs verstandig om kleine tijdbuffers in het dagelijkse bedrijfsrooster van de productie in te bouwen die gebruikt kunnen worden om te compenseren voor kleine, periodieke onderbrekingen die optreden in de normale processtroom en die het potentieel voor variaties in cyclustijd vertegenwoordigen.

Het inbouwen van deze tijdsbuffer laat een periodieke afwijking of het scenario dat er iets gebeurt waardoor een operator zijn of haar werkplek een paar minuten verlaat, toe. Deze kleine onderbrekingen kunnen en zullen zich voordoen (idealiter slechts op een zeer beperkte basis) en mogen nooit leiden tot een late levering. Daarom is het een goed idee om een kleine buffer in het totale eind-tot-eind proces of de waardestroom in te bouwen. In essentie wordt dit bereikt door een cyclustijd te ontwerpen die lager is dan de beoogde takt-tijd.

CYCLUSTIJD is de gemiddelde gemeten tijd tussen twee goede kwaliteit producten die van de lijn af komen. Zoals eerder vermeld, zijn er drie soorten cyclustijden van elkaar te onderscheiden: **maximaal toegestane cyclustijd**, de **ontworpen cyclustijd** en de **effectieve cyclustijd.**
Dit zijn de tijden die later vergeleken kunnen worden met de takttijd om te bepalen of het proces in staat is om aan de vraag van de klant te voldoen. Zie hier hoe dat werkt:

De **maximaal toegestane cyclustijd** beschrijft de maximale cyclustijd waarin de processen ontworpen kunnen worden om ervoor te zorgen dat het proces op de snelheid kan produceren zodat aan de vraag van de klant kan worden voldaan.

Als de benodigde takt tijd bijvoorbeeld 100 seconden is om aan het huidige niveau van de klantvraag te voldoen, is het een goede gewoonte om een productiecapaciteit te plannen die elke 95 seconden een productiesnelheid van één product biedt. Dit zorgt voor een buffer van 5 seconden voor het geval er iets fout gaat; en naar alle waarschijnlijkheid, zal er af en toe iets gebeuren waardoor je die buffer nodig hebt.

Hoe groot deze tijdbuffer kan zijn, hangt af van de cyclustijd van uw product. Gewoonlijk is het een goede vuistregel om tussen 90% en 95% van de beoogde takt-tijd van de maximaal toegestane cyclustijd vast te stellen. Het kiezen van deze benadering wordt visueel weergegeven in figuur 11 met behulp van een tweede horizontale lijn.

De **ontworpen cyclustijd** is de berekende tijd die een werkstation nodig heeft om een product te produceren als er geen onderbrekingen zijn. Dit is wat de ingenieurs gepland hebben voor de lijn als het gaat om het theoretische prestatiepotentieel van een machine. Wanneer een machine van een externe leverancier komt, hebben zij wellicht geen idee hoe de klantvraag er voor jouw bedrijf uit zou kunnen zien en wat een doel takt-tijd zou kunnen zijn. De theoretische ontwerp-cyclustijd van een machine kan dan compleet verschillen met wat de organisatie nodig heeft in termen van interne takt-tijd die is berekend om aan de vraag van de klant te voldoen.

Ten tweede kan de werkelijke werkingssnelheid van een bepaalde machine afhankelijk zijn van technologie of interne processen. Het is daarom niet altijd mogelijk om eenvoudigweg de snelheid van een proces te verhogen, zodat het aansluit op de vraag van de klant.

De derde type cyclustijd is de **effectieve cyclustijd,** ook wel werkelijke cyclustijd genoemd. Dit is de gemiddelde gemeten tijd tussen twee goede kwaliteit producten die daadwerkelijk van de machine komen. Het geeft de werkelijke productiesnelheid weer – hoe in de praktijk geproduceerd wordt- en het omvat de ontworpen cyclustijd plus eventuele onderbrekingen die zich voorgedaan hebben.

NB: Deze onderbrekingen zijn werkelijke gemeten tijdsintervallen en kunnen zijn bestaan uit: stilstand van de machine, vertragingen vanwege overdragen van een shift, en ook de 5S-gerelateerde verspillingen (zoals wachttijden als gevolg van het zoeken naar materiaal of hulpmiddelen en nabewerking als gevolg van defecten). Dit soort procesonderbrekingen kunnen naar behoefte worden gecategoriseerd. In het voorbeeld dat weergegeven wordt in figuur 11, worden ze weergegeven als donkerder grijze blokken.

Bij het tekenen van de waardestroom, is het raadzaam dat een persoon op de productielijn de daadwerkelijke tijd meet tussen twee producten van goede kwaliteit na het uitvoeren van de processtap(pen) van een werkstation, zodat effectieve cyclustijd geregistreerd wordt. Uiteraard geldt dat hoe meer metingen gedaan worden, hoe betrouwbaarder en representatiever meting en daarmee de analyse wordt. De vertragingen die optreden kunnen namelijk verschillen per product of batch. Hoe meer data beschikbaar is, hoe betrouwbaarder de data in waardestroom wordt.

Waar cyclustijden het interval beschrijven waarin producten van de lijn komen, is **PROCESTIJD** de tijd die een product waaraan gewerkt wordt doorbrengt in een processtap. De procestijd kan gemeten worden met behulp van het zogenaamde "rode-stippen-principe".

Begin met het markeren van een willekeurig product met een rode stip en meet de tijd vanaf het moment dat het onderdeel in een machine of werkstation komt tot het moment dat het er aan de andere kant uitkomt zonder dat de machine stilvalt.
Wanneer het gaat om een handmatig werkstation en er slechts één operator op één werkstation is en die persoon werkt aan slechts één product tegelijk, is de procestijd gelijk aan de cyclustijd. Maar wanneer er meer producten tegelijkertijd bewerkt worden, verschilt de procestijd van de cyclustijd.

Al deze tijden zijn nodig om de productstroom door een waardestroom te analyseren en mogelijke verbeteringen te identificeren. Als het erom gaat te bepalen waar je het beste een 5S-pilot kunt starten, kijk je waar de effectieve cyclustijden (d.w.z. de feitelijk gemeten interval tussen twee producten van goede kwaliteit die we kunnen vergelijken met de takt-tijd) het langst zijn. Het is op deze locaties dat de algehele snelheid of doorvoer van de waardestroom bepaald wordt en verbeterd kan worden.

Dit is niet hetzelfde als het proces identificeren dat de langste verwerkingstijd heeft. Als een product 40 minuten nodig heeft om een processtap te doorlopen (dat wil zeggen de procestijd), maar tegelijkertijd aan 4 producten kan werken omdat het proces 4 gelijktijdig werkende machines bevat, kan van die groep machines worden gezegd dat ze gemiddeld om de 10 minuten een product afleveren (de cyclustijd).

Terugkijkend op het VSM-voorbeeld in figuur 10 op pagina 67, op welk van de werkstations zou jij een 5S pilot starten om zo snel mogelijk meetbare verbeteringen in prestaties te zien?

■■■

In figuur 10 kan worden afgelezen dat de drie werkstations een effectieve cyclustijd van respectievelijk 10, 10 en 12 minuten hebben. Als de productiviteit of verwerkingscapaciteit van het 3e werkstation, de vullijn, zou worden verbeterd door de effectieve cyclustijd van 12 naar 11 minuten te verkorten, zou de volledige uitvoer van het proces verbeterd worden. Het gehele proces zou zijn output kunnen verhogen. Ik hoop dan ook dat je voor het laatste werkstation hebt gekozen voor de 5S pilot: de vullijn.

Door de effectieve cyclustijden in de verschillende processtappen gelijk te maken (te synchroniseren), is het eindresultaat een verbetering van **de "stroming" van het proces**. *Stroming* is een ander veelgebruikt woord binnen het lean lexicon en het impliceert dat producten altijd moeten bewegen of van het ene einde van het proces naar het andere moeten *stromen*. Als het niet voortdurend stroomt of beweegt, is het in een "wachtende" staat en *wachten* is een van de acht verspillingen. Het feit dat er verschillende effectieve cyclustijden in een proces bestaan, belemmert de maximale potentiële stroomsnelheid omdat orders of eenheden uiteindelijk op hun beurt moeten wachten op die locaties met de langste effectieve cyclustijden. Dit worden de zogenaamde proces knelpunten, of bottlenecks die we al eerder beschreven.

In het verf voorbeeld afgebeeld in figuur 10, merk je dat individuele blikjes verf voorbewerkt en gemengd worden met een snelheid die sneller is dan de snelheid waarmee ze gevuld worden. Dit betekent dat ze moeten wachten bij het vulstation tot ze gevuld kunnen worden. Als de medewerkers van de meng afdeling doorgaan met het verwerken van blikjes verf zonder te wachten, zouden de voorraadniveaus zich opstapelen voor het vulstation (d.w.z. de bottleneck stap) en leiden tot stapels verf die elke vrije plek in de fabriek kunnen vullen.

Eerder zagen we al, dat 5S er voor kan zorgen dat de productiviteit van de hele lijn verhoogd omdat werkstations minder op elkaar hoeven te wachten. Wat betekent een productiviteitsverbetering van de vullijn door middel van een 5S-pilot in het vulstation dan in het kader van flow?

■■

Wanneer de cyclustijden van de verschillende werkstations dichter bij elkaar liggen, zal er minder voorraad opbouw plaatsvinden tussen de werkstations. Hierdoor verbeterd dus de flow en wordt de productie doorlooptijd korter.

In dit hoofdstuk hebben we gekeken naar de waardenstroomanalyse en hoe het ons helpt te identificeren waar we als eerste 5S zouden moeten implementeren als we zo snel mogelijk meetbare verbeteringen willen meten.

Nu we deze werkplek hebben geïdentificeerd kunnen we In het volgende hoofdstuk kijken naar de middelen om precies dat te doen: zeker stellen dat de eerste 5S-pilot resultaten oplevert voor een verbeterde productiviteit.

Samengevat:

- Gebruik de waardestroomanalyse om het proces in termen van de verschillende cyclustijden in kaart te brengen.
- Kies het gebied met de langste effectieve cyclustijd als 5S pilot om de stroom van het hele proces te verbeteren.

3.2 Hoe de eerste 5S-standaarden de productiviteit kunnen verbeteren

Nu de processtap die de snelheid van het proces bepaalt is vastgesteld (met behulp van de waardestroomanalyse), is het tijd om een beetje dieper in te gaan op de details van wat er feitelijk in die stap gebeurt, zodat het mogelijk is om te zien hoe de productiviteit verbeterd kan worden met 5S. Er zijn twee hulpmiddelen die hierbij kunnen helpen: de eerste wordt een proceskaart genoemd en de tweede, zoals eerdergenoemd, is de verspillingsanalyse. Naarmate dit hoofdstuk vordert, zal het duidelijk worden dat deze twee hulpmiddelen complementair zijn aan elkaar en hand in hand kunnen worden gebruikt.

Een **PROCESKAART** is een gedetailleerde grafische weergave van alle stappen die op een werkstation worden doorlopen. Het is als een stroomdiagram waarin elke kleine stap die het product of de service doormaakt binnen dat gebied grafisch wordt geannoteerd. Omdat dit hulpmiddel belangrijke informatie biedt voor iedereen die het leest, is het mogelijk om zo gedetailleerd in te zoomen als nodig is, om een duidelijk beeld te krijgen van wat er feitelijk gebeurt. Het detailniveau hangt af van de aard van het doel dat nagestreefd moet worden.

Het voorbeeld van figuur 10 beschrijft een verfproces met drie stappen, maar we zouden elk van deze drie **processtappen** in meer detail kunnen observeren en beschrijven. De drie processtappen van figuur 10 waren: 'bereid het blik voor', 'vul het blik met verf' en 'verplaats het blik naar de pallet'. Ik zou echter ook een gedetailleerder niveau kunnen bekijken door de voorbereiding-van-het-blikje stap op te delen in meerdere kleinere stappen: 'kies het blik', 'plaats een etiket op het blik', 'verplaats het blik naar de vullijn', enz.

Het doel is om tot het detailniveau te komen dat nodig is om de acht soorten verspilling te identificeren die we hebben besproken in hoofdstuk 1.2. Door dit te doen, wordt het veel gemakkelijker om te zien hoe de 5S-principes kunnen worden gebruikt om elk verspilling die voorkomt te identificeren en te verminderen, en daardoor de productiviteit te verbeteren.

Mijn ervaring leert dat er veel manieren zijn om de proceskaart te visualiseren. Vaker wel dan niet, is het een soort stroomschema afbeelding die verschillende symbolen voor verschillende soorten deelstappen gebruikt. Omdat ik de procestoewijzing graag combineer met een tijdanalyse en aantekeningen maak over de verspillingen die ik zie, gebruik ik het tabelformaat dat wordt weergegeven in afbeelding 12.

In de Activiteit kolom worden de belangrijkste stappen van het proces weergegeven in de volgorde waarin ze worden uitgevoerd, eerst bovenaan en dan onderaan. Ik vind het belangrijk om werk-activiteitstappen grafisch te onderscheiden van beslissingsstappen. Als zodanig kunnen meer pictogrammen worden gebruikt in welke mate dan ook noodzakelijk of passend wordt geacht. De traditionele proces-aanmeldingsbenadering maakt gebruik van 6 symbolen, met symbolen voor processtappen, wachten, vertraging, transport, meting en een symbool voor een beslissing.

Ik toon de meet- en beslissingsstappen zoals gewoonlijk wordt getoond in traditionele stroomdiagrammen; namelijk als een diamant.

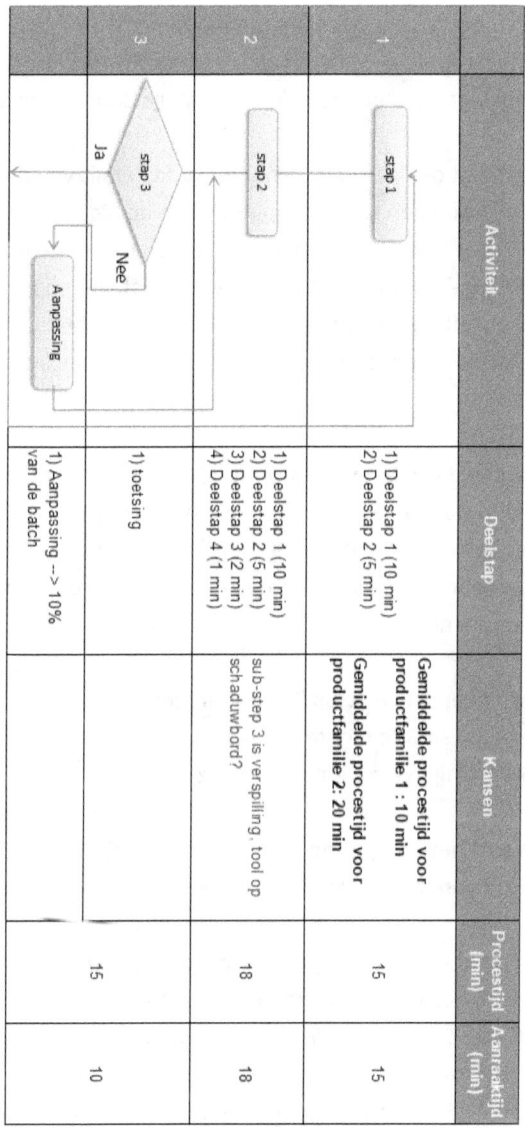

Figuur 12: Proceskaart voor procesafstemming met verspillinganalyse

Op basis van het resultaat van de meting zijn er typisch twee manieren waarop de processtap voortgezet kan worden (bijvoorbeeld, gaan/ stop, doe dit/ doe dat, ga door/ herhaal, enz.).

In de kolom met de deelstappen noteer ik de details van de activiteit, inclusief een kleine opsplitsing van de tijdstippen. In stap 2 zijn er bijvoorbeeld vier deelstappen en deze nemen respectievelijk ongeveer 10, 6, 2 en 1 minuut in beslag. Het detailleren van deze stap helpt om elke activiteit in kleinere taken op te breken, waarbij het mogelijk wordt om één of meer van de acht verspillingen te identificeren.

In het voorbeeld van het vulstation zou ik het 'voorbereiden van het blikje' als één stap in de activiteitenkolom opschrijven en 'kies het blikje', 'een etiket op het blikje' en 'verplaats het blikje naar de vullijn' als drie meer -gedetailleerde deelstappen in de kolom met de deelstappen noteren.

Telkens wanneer ik een verspilling observeer, schrijf ik het in de kolom met kansen. We moeten er echter rekening mee houden dat deze waarnemingen momentopnamen zijn.

Wat betekent het analyseren van deze 'momentopname' voor het identificeren van mogelijke verbeteringen?

Het kan zijn dat de verspilling die werd waargenomen en geregistreerd wordt een uitzondering is en daarom niet dagelijks voorkomt. Met 5S willen we in eerste instantie problemen vermeiden die regelmatig voorkomen zodat ze op jaar basis veel tijdsverlies representeren. 1 keer per maand 10 seconden verliezen representeert een lagere verbeterkans, dan elke 10 minuten 10 seconden verliezen.

Om te vermijden dat we conclusies trekken op basis van uitzonderingen, is het slim om de persoon die de observaties en opnames maakt altijd zijn observaties te laten bespreken met de persoon/ operator die werd geobserveerd (of zijn/ haar hele team) om uit te zoeken of de verspillingen die zijn waargenomen structureel zijn of een eenmalig voorval.

In de laatste twee kolommen documenteer ik de totale verwerkingstijd voor elke stap en de tijd dat een product of onderdeel daadwerkelijk wordt bewerkt door de operator of machine. Ten eerste is de procestijd voor elke stap de tijd die het product doorbrengt om door een bepaalde stap te gaan. En ten slotte, de aanraaktijd, de werkelijke hoeveelheid tijd die een operator besteedt aan het werken met dat product of onderdeel.

Het uitvoeren van deze metingen kan ook helpen bij het identificeren van verspilling(en). Ook hier, zoals het geval was bij het werken op het waardestroom niveau, als de procestijd voor een bepaalde deelstap langer is dan de aanraaktijd, moet de operator wachten (een verspilling) om een deelstap te voltooien of moet in de tussentijd ander werk doen. Onder deze omstandigheden is het waarschijnlijk dat ander werk wacht totdat de operator beschikbaar is om het te doen.

Nadat alle deelstapactiviteiten in een processtap geïdentificeerd zijn, is het mogelijk om de verschillende tijden in de ruimte onder de voorlaatste kolom bij elkaar op te tellen. Dit totaal vertegenwoordigt vervolgens de procestijd voor alle procesactiviteiten die worden uitgevoerd in het vak op het hogere niveau van de waardestroom analyse. En wanneer ze worden gecombineerd, moeten alle procestappen in de deelstappen gelijk zijn aan de totale procestijd voor de gehele waardestroom. Het is dan mogelijk om de effectieve cyclustijd te berekenen op basis van het aantal machines, personen en de beschikbare tijd voor elk van de productiestappen die zijn afgebeeld op het waardestroom niveau.

De volgende stap in het vinden van concrete verbeterpunten is het uitvoeren van de **VERSPILLINGSOBSERVATIES**. Waar de proceskaart gericht is op het in kaart brengen van het complete proces, is de verspillingsobservatie gericht op het observeren en noteren van verspillingen.

Bij het samenstellen van zowel de waardestroom als de proceskaarten, is de beste manier om de productiestappen en deelactiviteiten te analyseren via **directe observatie op de productievloer**. Aangezien alle verspillingen worden beschouwd als niet-waarde toevoegende activiteiten, worden ze meestal niet genoemd als onderdeel van een productiestap of activiteitbeschrijving wanneer ze worden besproken in een vergaderruimte. Daarom is de eerste tip wanneer je een proces in kaart gaat brengen: ga naar de werkvloer (in lean lexicon de 'gemba' genoemd), de plaats waar het echte werk wordt gedaan, om uit de eerste hand informatie over het huidige proces te verkrijgen.

Een tweede uiterst effectieve manier van werken met betrekking tot het in kaart brengen van verspillingen, is dat de personen die de analyse uitvoeren, zelf leren hoe ze elk van de processtappen uit moeten voeren. Als resultaat van het leren hoe elke activiteit wordt uitgevoerd, hebben de personen die de analyse doen waarschijnlijk de extra motivatie die nodig is om de juiste vragen te stellen om echt te begrijpen wat, waarom en hoe van elke stap en/ of deelstap.

Ik realiseer me dat in sommige gevallen, wanneer een activiteit complex is of wanneer er wettelijke vereisten zijn, het moeilijk of onrealistisch is om de persoon die de analyse doet het werk te laten verrichten van bepaalde activiteiten. In die gevallen is het beste om simpelweg het werk te observeren.

Een derde goede tip bij het maken van verspillingsobservaties is het observeren van verschillende mensen die dezelfde taak uitvoeren en/ of verschillende producten waaraan wordt gewerkt in hetzelfde gebied. Dit levert niet alleen meer gegevens op voor de tijdanalyse, het kan ook onthullen dat er verschillende manieren zijn om de verschillende activiteiten uit te voeren (waarvan sommige waarschijnlijk beter zijn dan de andere), wat ook zal helpen bij het doorgaan met zoeken naar verbeteringsmogelijkheden. Wanneer er verschillende manieren zijn om iets te doen, kan slechts één manier de veiligste en meest efficiënte manier zijn om het te doen. Het op deze manier zoeken en standaardiseren is een belangrijke routine als het gaat om het werken aan continue en lange termijn verbeteringen.

Een vierde tip bij het identificeren van verspillingen omvat het gebruik van een formulier dat alle acht verspillingen in een tabel weergeeft (zie Afbeelding 13 hieronder). Om dit formulier te gebruiken, moet een persoon een productielijn gedurende 30 minuten (of langer) observeren totdat ze minimaal één voorbeeld van elk van de verspillingen geïdentificeerd hebben. Dit is wat een van de lean voorvaderen van het *Toyota Production System (TPS)*, Taiichi Ohno, altijd aan zijn managers vroeg om te doen en het is wat later "in de krijtcirkel staan" genoemd werd.
Ohno zou een manager meenemen naar de productievloer, een cirkel tekenen met een krijtje, en de manager vragen in de cirkel te gaan staan (die op een locatie was getekend waar de waarnemer zich niet zou bemoeien met de processen). Vervolgens zou Ohno de manager vertellen dat hij niet mocht vertrekken voordat hij de cruciale informatie had gevonden die nodig was om een specifiek probleem op te lossen.

Waste Walk - Observation Sheet											
Department /Area:		Observer name:								Date:	
Step No.	Work Element	Value Adding	Observed waste (and duration)							Improvements opportunities
		Duration	D	O	W	N	T	I	M	E	
D = defects	O = over-production	W = waiting	N = Non-used Talent	T = transportation	I = inventory	M = motion	E = excess-processing				

Figuur 13: Voorbeeld van een verspillingsanalyse sjabloon

Het enige dat Ohno zijn managers liet doen terwijl zij in de cirkel stonden, was observeren. Tegenwoordig wordt deze zelfde werkwijze veel gebruikt in Toyota en andere bedrijven die zich bezighouden met continue verbetering.

Wanneer je de bovenstaande tabel uit afbeelding 13 gebruikt, noteer dan de werkelementen (d.w.z. taak/ activiteit) die worden waargenomen. Splits het hele proces in zoveel werkelementen als passend wordt geacht (net als bij proces analyse).

Noteer voor elk van de elementen die worden gedocumenteerd de duur van het element en noteer eventuele verspillingen die tijdens de uitvoering van dat werkelement zijn waargenomen. Doe dit door een "X" in de kolom te plaatsen die overeenkomt met de specifieke verspilling dat werd waargenomen. Uiteraard kun je ook opschrijven hoeveel tijd met de betreffende verspilling verloren is gegaan.

De grootste beperking voor elke organisatie is tijd. Het hebben van genoeg tijd om iets gedaan te kunnen krijgen is een universeel probleem dat - vaker wel dan niet - moet worden aangepakt om te verbeteren en vooruitgang te kunnen boeken. Op basis van mijn persoonlijke ervaring kan bijna iedere medewerker in een organisatie meerdere voorbeelden van elk van de verspillingen identificeren en zelfs met meerdere suggesties komen om verbeteringen aan te brengen in het proces om diezelfde verspilling te reduceren. Het enige wat nodig is om deze latente kennis aan te boren, is om hen voldoende tijd te geven om een goede observatie te kunnen doen en deze op elk gebied te documenteren.

Samenvattend: als wij het belangrijk vinden dat de eerste 5S-pogingen een directe verbetering van de prestaties tot gevolg hebben, is het van belang ervoor te zorgen dat de pilot wordt geïdentificeerd op basis van de resultaten van een waardestroom analyse en dat de verspillingswaarnemingen duidelijk de problemen identificeren en kwantificeren die aangepakt kunnen worden bij het definiëren van de eerste 5S-standaarden. In dit opzicht is het ook van vitaal belang om de deelnemende teamleden de tijd te geven die ze nodig hebben om de benodigde observaties te maken en om de proceskaarten te maken die alle belanghebbenden zullen helpen de om de productiviteit te verbeteren.

Kun je na het lezen van 3.1 en 3.2 uitleggen wat de link is tussen de waardestroomanalyse, de procesmap en de verspillingsobservatie?

■ ■

De waardestroomanalyse bevind zich op het hoogste aggregatieniveau en brengt voornamelijk in kaart waar de verspillingen zicht tussen de werkplekken bevinden (wachttijden) en welke werkplek de prestatie van de hele waardestroom beperkt (de bottleneck)

De procesmap en de verspillingsobservatie bevinden zich op een meer gedetailleerd aggregatieniveau. De procesmap heeft als doel om de processtappen in kaart te brengen voor elke werkplek in de waardestroomanalyse. Bij het creëren van dit overzicht kun je spontaan verspillingen tegenkomen en direct noteren.

De verspillingsanalyse heeft als hoofddoel om verspillingen te identificeren op een werkplek, onafhankelijk van de volgorde waarin een taak wordt uitgevoerd. Maar, uiteindelijk zullen verbeteringen die uit de verspillingsobservatie komen ook de proces tijden uit de procesmap beïnvloeden, en ook in de waardestroomanalyse terug te vinden zijn.

Samengevat:

- Gebruik een proceskaart en een verspillingsanalyse om de activiteiten die op een werkstation worden uitgevoerd te documenteren en te beoordelen voordat de eerste 5S-standaarden worden gedefinieerd.
- Geef als manager het team de tijd die ze nodig hebben om een goede verspillingsanalyse te maken en ondersteun hen daarbij.

3.3 Hoe 5S helpt problemen te voorkomen

5S is veel meer dan alleen een manier om een bureau of werkruimte schoon te houden: het is een hulpmiddel om de productiviteit te verhogen. Naast het optimaliseren van standaard werk routines, helpt 5S ook met de niet standaard werk routines. Dit is waar dit hoofdstuk over gaat.

Zoals besproken in de vorige hoofdstukken, is het doel van 5S om binnen een paar seconden een probleem in een bepaald gebied te kunnen herkennen. Dit maakt 5S een zeer krachtig visueel management hulpmiddel. Als het correct wordt geïmplementeerd, kan elke afwijking van de vastgestelde 5S-standaarden gemakkelijk geïdentificeerd worden en onmiddellijk tot corrigerende maatregelen leiden voordat de afwijking tot grotere vertragingen en/ of problemen leidt. Als zodanig helpt een effectieve implementatie van 5S bij het winnen van tijd als het gaat om het oplossen van problemen. Vaak kost het minder tijd om aan het begin van een dienst een gereedschap te zoeken om terug op zijn plek te hangen, dan dat het de afdeling zou kosten wanneer het gereedschap urgent nodig is. Dit komt de productiviteit te goede.

Een voorbeeld van het voorkomen van grote vertragingen met 5S betrof het gebruik van een schaduwbord dat zich naast een machine bevond in een van de fabrieken waar ik werkte in Nederland. Het was een fabriek waarin glazen buizen werden gefabriceerd, waarbij in één van de processtappen gesmolten glas letterlijk uit een grote oven druppelt. Als het gesmolten zand naar beneden druipt in buis vorm, koelt het af in een glazen buis in een continue stroom. Zand wordt continu aan de oven toegevoegd, dus het was van cruciaal belang voor het proces om een continue glasstroom aan de onderkant te behouden.

Als het zand niet goed gesmolten is, kan het gat in de bodem van de oven verstoppen. Als dit onopgemerkt en ongecorrigeerd zou blijven, zou dit tot grote problemen leiden. Dienovereenkomstig zou de operator slechts een bepaald aantal minuten hebben voordat de gehele benedenstroomse lijn zou worden afgesloten, en zou de oven zelf het risico lopen te overlopen; daarmee leidend tot een hele reeks andere problemen die zowel belangrijke veiligheidsrisico's zouden veroorzaken als zeer kostbaar zouden zijn.

Gelukkig kon wanneer het glas en het niet-volledig gesmolten zandmengsel de oven verstopte, de verstopping gemakkelijk worden verwijderd met behulp van een speciaal hulpmiddel; een lange metalen paal met een haak aan het uiteinde. Wanneer er een verstopping in de oven was, ging er een alarm af op een bedieningspaneel om de operator te waarschuwen en hij of zij kon het hulpmiddel snel pakken om de over te ontstoppen.

Om tijdig te kunnen reageren op het alarm, is het belangrijk dat dit hulpmiddel te allen tijde dicht bij de oven hangt. Het risico dat een operator naar het hulpmiddel moet gaan zoeken wanneer de oven verstopt is moet ten alle tijden worden voorkomen. Liever aan het begin van de dienst controleren of het hulpmiddel op zijn plek hangt als alle ovens goed lopen, dan erachter komen dat het hulpmiddel mist wanneer een oven verstopt is.

Alle hulpmiddelen die essentieel zijn voor het uitvoeren van een bewerking, dienen een vaste locatie te hebben naast elke machine of elk werkstation, maar er moet ook een duidelijk visueel mechanisme zijn dat operators kan waarschuwen wanneer het hulpmiddel niet aanwezig is. Op die manier is het voor iedereen mogelijk te herkennen dat een kritisch hulpmiddel ontbreekt voordat dit 'probleem' daadwerkelijk het proces verstoord.

Dit is waar het principe van het gebruik van **schaduwborden** aan te pas komt. Het is een van de meest gebruikte manieren om een 5S-standaard te visualiseren. Het schaduwbord, wat al eerder ter sprake kwam, is een bord dat schaduwen van de hulpmiddelen weergeeft op de exacte plek waar elk hulpmiddel zich op een bepaald bord moet bevinden.

Wanneer een hulpmiddel ontbreekt op het schaduwbord, is het voor iedereen die naar het bord kijkt direct zichtbaar wat er mist, omdat de schaduw de profieldimensies van het hulpmiddel vertegenwoordigt. En als de schaduwen in een felle kleuren worden weergegeven, bijvoorbeeld fel rood, is het nog eenvoudiger om te herkennen dat er een hulpmiddel ontbreekt. Dit betekent dat mensen niet alleen tijdens speciale 5S mini-audits reageren op afwijkende situaties, maar op elk moment dat iemand langs de machine/ het werkstation en het bijbehorende schaduwbord loopt de afwijking kunnen constateren.

Een tweede voorbeeld van het gebruik van 5S als visueel managementhulpmiddel zijn de standaarden die worden gebruikt om **binnenkomend materiaal** voor een bepaald werkstation te visualiseren. Nogmaals, het doel is hier om een probleem te visualiseren voordat het een kostbaar probleem wordt. Het in staat zijn om te zien dat er iets ontbreekt voordat een machine of werkstation stil komt te staan is een mogelijkheid verspilling te voorkomen. In dit opzicht is een nadere beschouwing van het 3V-principe uit hoofdstuk 1 de moeite waard.

In dezelfde glasfabriek in Nederland die ik eerder beschreef, waren er verschillende kartonnen dozen met standaardafmetingen die werden gebruikt om de afgewerkte glazen buizen naar de klant te sturen. Elke doos had een standaardlocatie in de ruimte. Alle dozen werden langs die muur van klein tot groot gesorteerd en een afbeelding van de doos met de afmetingen ervan werd op de muur boven elk type doos geplaatst om aan te geven welke doos hier kon worden gevonden (in andere woorden: het specifieke product op de vaste locatie).

Het aantal dozen van elk bepaald type dat elke dienst nodig was, varieerde. Omdat er meerdere lijnen waren die meerdere producten produceerden om batches van verschillende grootten te maken, moest het lokale team een oplossing vinden om ervoor te zorgen dat de benodigde dozen niet opraakten. Wat ze bedachten was vrij innovatief: ze schilderden de muur achter elke stapel dozen in rood en groen op verschillende hoogteniveaus, waardoor ze visualiseerden of een bepaald type doos moest worden bijgevuld of niet. Als de muur achter een stapel van een bepaald type doos rood was, was het een visueel signaal voor het magazijnteam om nieuwe te leveren. Wanneer de kleur achter de bovenste doos nog steeds groen was, was er voldoende materiaal om de lijn nog minstens 4 uur draaiende te houden.

De kleuren op de muur vormen een visueel signaal voor iedereen die voorbij loopt en geven aan of er wel of niet genoeg van een bepaald type doos is. Het hebben van dit soort visueel signaleringsmechanisme in bovenstaand voorbeeld verbetert de productiviteit van zowel het magazijn als de productie, omdat de productie niet actief nieuwe dozen hoefde te bestellen of een speciaal verzoek moest doen voor wat nodig was, en het magazijn deze bestellingen administratief niet hoeft af te handelen. Het visuele management systeem werkt op zichzelf en omdat er geen bestelprocessen nodig zijn worden tijd en middelen en dus indirect geld van beide afdelingen bespaard.

Een ander voorbeeld van het gebruik van een kleur gecodeerd visueel managementmechanisme is hieronder te zien in figuur 14.

Figuur 14: Rood-Amber-groen voorraadniveaus op de werkvloer

In dit voorbeeld is er ruimte voor in totaal 12 vaten. De rode, oranje en groene vierkanten op de vloer zijn allemaal even groot (van rechts naar links). Zodra de vaten gebruikt worden, worden de kleuren op de vloer onthuld. Wanneer het rode vierkant is bereikt, is het tijd om de voorraad vaten aan te vullen.

Belangrijk is, dat het mogelijk zou kunnen zijn dat een ander product dat naast het zojuist beschreven product opgeslagen wordt een andere opdeling van de 12 vaten heeft. Als een product wordt gebruikt met een snelheid die groter is dan de snelheid die in deze figuur 14 wordt weergegeven, kan het rode vierkant zo groot zijn dat het de voetafdruk van 6 van de 12 benodigde vaten beslaat, of mogelijk zelfs 8 van de 12. Het doel van de kleurcodering is om een signaal voor aanvulling op een bepaald tijdstip te verzenden. Hoeveel vaten er in het rode vlak staan hangt af van de tijd die de (interne) leverancier nodig heeft om nieuwe vaten te leveren. Hoe groter de 'rode buffer', hoe meer tijd een logistiek/ leveringsafdeling heeft om het aanbod aan producten weer aan te vullen.

Naast dit voorbeeld zijn er nog andere voorbeelden om het inkomende en uitgaande materiaal zo te organiseren dat er minder aandacht van het management nodig is. In mijn boek *Lean transformations* beschrijf ik alle verschillende soorten pull-mechanismen die automatisch materiaal van een voorgaande werkplek halen, zonder de noodzaak van extra interactie tussen of betrokkenheid van operators en/ of managers: een kans op productiviteitsverbetering!

Het belangrijkste aspect van visuele management mechanismen is dat iedereen kan zien wanneer er te veel of te weinig materiaal voor een werkstation staat te wachten. Supermarkt systemen en *First-In-First-Out* systemen zijn ontworpen voor precies dat doel: ze helpen bij het beheren van voorraad tot zowel een minimum- als een maximumniveau op een manier waardoor aanvullen automatisch plaatsvindt voordat het materiaal volledig is verdwenen (waarmee wachttijd wordt voorkomen) en overproductie voorkomen wordt (doordat er een maximum aantal producten mag staan).

Alle pull-systemen zijn in dit opzicht zelfsturend en daarom spelen ze zo'n grote rol in Lean Management. Het gebruik van 5S-methoden om te visualiseren waar voorraden worden gehouden en hoeveel materiaal op een bepaalde plek mag wachten, helpt om problemen te identificeren voordat deze escaleren tot ongewenste vertragingen in de productiestroom.

Materiaal management door middel van pull systemen is dus onderdeel van 5S. Wat denk je dat de grootste uitdaging is van het gebruik van zo'n pull systeem: het implementeren van de tool, of het reageren op afwijkingen wanneer deze optreden?

*Pull-systemen werken alleen als iedereen in de fabriek reageert op de visuele signalen die ze leveren. Net als bij eerder beschreven 5S tools is **gedrag bij het zien van een afwijking** , de sleutel tot het succesvol implementeren en ondersteunen van deze mechanismen.*

Als een manager een werkstation passeert waar een hulpmiddel ontbreekt op het schaduwbord, of een locatie in de fabriek waar binnenkomend materiaal op een te laag niveau is en hij of zij het negeert, geeft de manager zijn collega's indirect het signaal af dat het geaccepteerd wordt om deze visuele aanwijzingen te negeren.

Misschien gebeurt er niets bij de eerste 3 of 4 keren dat signalen genegeerd worden. Maar er komt een moment waarop een machine of werkstation zonder ingangsmateriaal komt te zitten vanwege het simpele feit dat het werkmechanisme niet is opgevolgd. Wat een vreselijke manier om de productiviteit van een operatie te verspillen!

Een laatste tip met betrekking tot het systeem voor het bijvullen van materiaal is het toevoegen van vragen met betrekking tot de 5S-mini-auditkaart of -blad, om ervoor te zorgen dat de persoon die deze audit uitvoert niet alleen kijkt naar hulpmiddelen en de netheid van machines, maar ook naar de stroming van materiaal.

Samengevat:

- Gebruik 5S-standaarden om visuele hulpmiddelen te creëren wanneer er iets ontbreekt.
- Train personeel om op deze signalen te reageren.
- Stel het juiste voorbeeld als een manager en reageer op de visueel management signalen.
- Voeg vragen toe over de materiaalstroming op de 5S-auditkaart of -blad.

Hoofdstuk 4:
Verras uw personeel en uw klanten

Ik hoop dat het uit de voorgaande hoofdstukken duidelijk is geworden dat 5S zoveel meer is dan een eenvoudige opruimoefening. Het is een van de meest waardevolle hulpmiddelen die je kunt inzetten om stabiliteit in productieprocessen te vergroten en tegelijkertijd de productiviteit continu te verbeteren. Naast deze verscheidenheid aan technische voordelen, zijn er ook voordelen die mogelijk moeilijker te meten en of te kwantificeren zijn, maar niettemin van onschatbare waarde zijn. Dit kan zijn: verbeterde medewerkerstevredenheid, verminderde druk op managers en ten slotte - en vooral - een verbeterde klantervaring.

4.1 Hoe 5S medewerkerstevredenheid verbeterd

Wanneer medewerkers nooit meer hoeven zoeken naar informatie, producten of gereedschap, ervaren zijn meer rust. Een goede **5S-implementatie zal daarmee stabiliteit brengen in de processen waarin ze werken.** Stel je eens voor hoe prettig het zou zijn om met zekerheid te weten dat het personeel hun dag zal beginnen met een lijst van bestellingen om aan te werken en dat zij dan precies volgens dat plan kunnen werken zonder onderbrekingen omdat er geen hulpmiddel, onderdeel of stuk informatie ontbreekt?

Ik vind het erg verrassend hoeveel organisaties die ik heb bezocht die deze stabiliteit in hun processen niet hebben. De personeelsleden van te veel organisaties hebben dagelijks te maken met onderbrekingen van een order, of extra werk omdat een bepaald materiaal of hulpmiddel ontbreekt. Onder die omstandigheden kan een manager geen andere keuze hebben dan de volgorde van productie te veranderen om gebruik te kunnen blijven maken van de beschikbare capaciteit op de lijn. Uiteraard kan dit ertoe leiden dat alle mensen die aan de lijn werken, de taak onderbreken waarmee ze bezig waren en zich gaan voorbereiden om aan de slag te gaan voor een andere bestelling; misschien zelfs met grote omschakelingen op machines en extra onderdelen die uit de opslag besteld moeten worden tot gevolg.

Dit soort onverwachte en ongewenste onderbrekingen zouden kunnen leiden tot het doorbreken van nog meer gestandaardiseerde werkwijzen die zijn ontworpen om een stabiel presterend systeem te helpen behouden. Wanneer er bijvoorbeeld een First-In-First-Out pull systeem in gebruik is waarin bestellingen worden bewerkt in exact dezelfde volgorde zoals ze zijn voorbereid of vrijgegeven in productie, en er is een ontbrekend materiaal voor één bestelling, dan kan de volgorde gewijzigd worden om de machines en mensen aan het werk te houden. Wanneer dit gebeurt, kan dit ertoe leiden dat andere voorbereide bestellingen waaraan al wordt gewerkt op andere werkstations ook verplaatst moeten worden. Dit soort dingen kunnen na een tijdje behoorlijk verwarrend zijn, waardoor de kans groter wordt dat er fouten gemaakt worden en er nog meer verspilling plaatsvindt.

In het ergste geval moeten alle andere werkstations de initiële verandering volgen, wat betekent dat mogelijk het werk van alle mensen die betrokken zijn bij het proces wordt beïnvloed vanwege dat ene probleem op die ene machine met slechts die ene bestelling.

Als ik in mijn werk continue mijn werkzaamheden moet aanpassen aan elk klein probleem dat op andere werkstations plaats vind zou ik veel stress ervaren. Ik weet uit mijn vele gesprekken in verschillende fabrieken dat veel procesoperators zich precies zo voelen. In plaats van waardevolle tijd en middelen te gebruiken om een productieplan opnieuw te plannen, kan die tijd beter worden besteed aan het begrijpen waarom een deel of sommige benodigde hulpmiddelen in de eerste plaats ontbreken en iets doen om te voorkomen dat dit in de toekomst gebeurt.

Een van mijn favoriete onderwerpen om met operators te bespreken, is het op ploegendienst gebaseerde productiesysteem, waarbij teams 's ochtends, 's middags of 's nachts moeten werken en bespreken hoe ze moeten schakelen tussen deze diensten (er zijn veel verschillende systemen om uit te kiezen).

Het verrassende aan deze gesprekken is dat de meeste mensen aangeven dat hun favoriete dienst de nachtdienst is. Ze werken liever 's nachts, ook al onderbreekt het hun normale biologische ritme van eten en slapen. En weet je waarom dat het geval is? Dit komt omdat tijdens de nachtdienst er geen managers of indirecte functies zijn, zoals kwaliteit, engineering of andere technische afdelingen die geneigd zijn om het plan voortdurend te wijzigen. Tijdens de nachtdienst kan het personeel eenvoudig produceren volgens een vastgesteld plan. Ze hebben een meer voorspelbare ervaring op het werk.

Ik zou graag zien dat deze vorm van rust ook beschikbaar is voor de andere twee ploegen. Ik zou liever zien dat iedereen het gevoel heeft dat ze naar het werk kunnen komen met een duidelijk doel ten opzichte van wat er tijdens die shift gedaan moet worden en, bij het einde ervan, het gevoel te hebben dat ze eenvoudig kunnen bevestigen dat ze alles hebben gedaan wat ze zouden moeten doen om hun bijdrage met toegevoegde waarde te maximaliseren. Beide kunnen uiteraard tijdens de teambespreking worden besproken en geëvalueerd. Dat betekent dat alle onderbrekingen voorkomen moeten worden en dat de beste manier om dat te doen is om ze te vermijden of vast te leggen en te corrigeren terwijl ze nog klein zijn. Ergo, het gebruik van 5S-principes en reageren wanneer een afwijking geconstateerd wordt.

Heb je op basis van de in de vorige hoofstukken besproken lean tools idee welke lean tool je kan helpen bij het in kaart brengen van onderbrekingen of de motivatie van een team?

■■

*Een team zou het aantal onderbrekingen dat het team ondervind op het **teambord** kunnen registreren. Daarnaast kun je ook een indicator die direct gekoppeld is aan 5S voorleggen aan elk team: de vraag of de teamleden al het materiaal en informatie hadden die ze nodig hebben om hun werk te kunnen doen en het productieplan te realiseren. Als het antwoord van iedereen ja is, wordt de indicator groen en als het antwoord nee is, de indicator rood.*

Wanneer de indicator rood is, is dit een indicatie dat er een kans is om een 5S-standaard te verbeteren. Een dergelijke mogelijkheid kan de vorm aannemen van het waarborgen dat de nodige visuele aanwijzingen aanwezig zijn, of dat de minimale hoeveelheid materiaal voldoende is om met typische onderbrekingen om te gaan. Of misschien is er een mogelijkheid om een nieuw hulpmiddel aan het schaduwbord toe te voegen. De discussies waarin deze kansen centraal staan, moeten leiden tot verdere verbeteringen van de 5S-standaarden en, op de langere termijn, het verminderen of elimineren van de gevallen waarin mensen informatie, materiaal of hulpmiddelen misten die zij nodig hadden.

Wanneer deze problemen op gepaste wijze één voor één worden opgepakt, zal de frequentie waarin de indicator rood is dalen; waarmee het team aangeeft dat het gemakkelijker is geworden hun werk te kunnen doen zonder dat zij informatie of hulpmiddelen missen. Onder deze omstandigheden wordt werken ook leuker, of in ieder geval raken mensen minder geïrriteerd, omdat niemand het leuk vindt als dingen ontbreken of de voorraad op is 'voor de honderdste keer deze week'.

Als een teamleider of een manager die toevallig een van deze dagelijkse vergaderingen bijwoont, moet hij/ zij goed luisteren naar de discussies die de teamleden hebben; vooral als het gaat om iets dat voor de tiende keer ontbrak. Dit soort informatie is een indicatie voor een enorme kans, zowel voor het verbeteren van de medewerkerstevredenheid als voor de productiviteit.

Het hebben van een uitgebreid en consistent 5S-systeem voor binnenkomende materialen vergemakkelijkt in grote mate een soepele, ononderbroken materiaalstroom door de fabriek en moet voorkomen dat het managementteam van de fabriek de productie opnieuw moet ordenen. Een dergelijk systeem zou de visuele middelen moeten bieden om ontbrekende onderdelen te identificeren voordat een productieorder wordt gestart, zodat deze niet onderbroken hoeft te worden op het moment dat een operator ontdekt dat er iets ontbreekt tijdens het productieproces.

Een dergelijk systeem stelt een operator in staat om volgens plan te blijven werken, met weinig tot geen ongewenste stress, en cruciaal, geen ongewenste en vermijdbare ergernis.

Naast de ontbrekende informatie/ materiaal/ hulpmiddelen-kwestie leidt een **schone werkplek** ook tot het creëren en onderhouden van een gelukkigere werkplek. Ik kan me niet voorstellen hoe het is om te werken op een plek waar iemand bang is om de machine of wagen aan te raken omdat het te vies is en er daarom geen goede manier is om te vertellen in welke bedrijfstoestand de machine of wagen zich bevindt. Dus afgezien van wat het vuil zou kunnen doen met de kwaliteit van een product, of de uptime van de machine, heeft zijn aanwezigheid ook een directe invloed op de tevredenheid van de medewerkers, ook al genieten niet veel mensen van het reinigingsproces zelf.

Daarom zijn de beste 5S-implementaties niet alleen gericht op het schoonhouden van elke werkplek, maar ook op de beste manier om het op langere termijn schoon te houden. Één manier om deze focus te bereiken, is om te meten hoeveel tijd het team nodig heeft om hun werkplek aan het einde van hun dienst schoon te maken (wat ook een deel zou moeten zijn van de metingen die zijn gedaan in de proceskaart die is beschreven in hoofdstuk 3); en vervolgens een verspillingsobservatie te maken om te bepalen waar de moeilijke aspecten van het reinigingsproces zich bevinden. Met die informatie in de hand, is het mogelijk ideeën voor verbeteringen te definiëren die de tijd verminderd die nodig is om de werkplek schoon te houden en het totale proces voor alle betrokkenen veel gemakkelijker te maken.

Als het gaat om het reinigingsproces eenvoudiger en efficiënter te maken, heb ik op dit gebied verbazingwekkende creativiteit gezien; variërend van technische aanpassingen tot grote machines gemaakt in een Britse fabriek die helpen om een hele machine op te tillen, zodat het gemakkelijker is om de vloer eronder te vegen, tot het plaatsen van stoffen 'sokken' om leidingen om te voorkomen dat lekken onmiddellijk een plas vormt op de vloer in een Zweedse fabriek. Elke kleine vlek in de sok stof diende als een indicatie dat er een lek was; en hoelang het duurde voordat er kans was voor iemand om uit te glijden als gevolg van de vorming van een volledige plas.

Samengevat:

- De stabiliteit van het proces is een belangrijke factor in de medewerkerstevredenheid. 5S helpt afwijkingen in processen te voorkomen, en dus kan het helpen de stabiliteit van een proces te verhogen.
- Meet het aantal keren dat een hulpmiddel, materiaal of informatie ontbreekt als indicator voor mogelijke problemen op het teambord.
- Een schone werkplek is een gelukkige werkplek, dus focus op het verbeteren van de manieren om alle werkgebieden schoon te houden als onderdeel van de 5S-standaarden.

4.2 Hoe 5S het leven van managers veranderd

Wanneer 5S correct geïmplementeerd wordt, veranderd de manier waarop managers hun tijd doorbrengen. Binnen een relatief korte tijd zullen ze merken dat ze hun tijd besteden aan het oplossen van complexere problemen, aan het werken aan projecten of aan het ondernemen van meer strategische activiteiten in plaats van rond te rennen op de werkvloer op zoek naar de ontbrekende items die nodig zijn om de productie te laten stromen.

In het afgelopen decennium heb ik in veel fabrieken gewerkt en bezocht, en ik heb gemerkt dat de overgrote meerderheid ervan in **de brandblus-modus** lijkt te zitten. Niet alleen speurden de operators te veel van hun tijd rond op zoek naar onderdelen, hulpmiddelen en nieuwe bestellingen om hun deel van de productielijn draaiende te houden, ook de managers blijven vaak vastzitten in het proberen de lijnen draaiende te houden door snelle oplossingen toe te passen. Dit zijn voor mij symptomen van processen die geen functionerend 5S-systeem hebben of waar een bestaande 5S-implementatie niet volledig in de organisatie is ingebed.

Wanneer 5S-principes worden gebruikt zoals beschreven in de vorige hoofdstukken, en mensen reageren op de afwijkingen die de standaarden helpen te visualiseren, kunnen problemen worden herkend als ze nog klein zijn, en tegenmaatregelen worden geïmplementeerd voordat het probleem uit de hand loopt. Het laatste dat een organisatie nodig heeft, is dat hun problemen zo groot worden dat klantenbestellingen te laat uitgeleverd worden, dat verschillende werkstations eindeloze wachttijden hebben voordat materiaal arriveert, of tot hulpmiddelen beschikbaar zijn zodat het werken aan een klantenbestelling door kan gaan.

Het kunnen herkennen van een mogelijk toekomstig probleem binnen 3 seconden bij het passeren van een machine of een teambord is een geschenk dat zeer op prijs moet worden gesteld. Het biedt degenen belast met verantwoordelijkheid voor het oplossen van problemen (idealiter op een permanente basis) een beetje meer tijd om na te denken over hoe ze het beste benaderd kunnen worden, en zodat het eindresultaat is dat dit de laatste keer is dat een dergelijke correctie nodig is. Wordt er een tegenmaatregel gedefinieerd die de situatie terugbrengt naar de oude standaard? Of gebruik je de tijd in een **probleemoplossende modus van een hogere orde** om een verbetering van het (5S)-systeem te definiëren om te voorkomen dat dit probleem zich opnieuw voordoet? Om een populaire uitspraak te gebruiken: dit is de keuze die de winnaars scheidt van de verliezers.

Hoe vaker gekozen wordt voor het preventief oplossen voor het probleem vandaag, hoe meer tijd er in de toekomst beschikbaar zal komen om moeilijkere problemen echt op te lossen. Er zijn veel theorieën en boeken geschreven over management en leiderschap, maar als het erop aankomt om het leven van werknemers beter en productiever te maken, bestaat de beste aanpak uit managers die zich bezighouden **probleemoplossing met hun teams.** Ze richten zich op **het vergemakkelijken van het werk voor iedereen**, in plaats van extra werk voor zichzelf te creëren met de gedachte hun positie veiliger te stellen.

Gelukkig gaat het oplossen van problemen met de verschillende teams en het implementeren van 5S-principes hand in hand. Hoe meer tijd er wordt besteed aan het verbeteren van de 5S-standaard, hoe meer tijd er beschikbaar zal zijn om morgen meer problemen met de leden van alle verschillende teams aan te pakken.

Wat het doorbreken van de brandblus-mentaliteit zo moeilijk maakt, is het gevoel dat een leidinggevende aan het eind van de dag overhoudt.

Welke van de volgende situaties geeft jou een beter gevoel?
Situatie 1: waarin je een halve dag aan een project hebt gewerkt, je in de middag een paar één op één gesprekken met teamleden hebt gevoerd en je wekelijkste 5S audit hebt gelopen.
Situatie 2, waarin je tot 5x toe door teamleden bent gebeld vanwege grote problemen. Je bent als een sterk leider naar de gemba gegaan en hebt met snelle besluitvorming alle 5 problemen opgelost in samenwerking met andere ondersteunende functies.

■■■

De meeste mensen zullen meer voldoening halen uit situatie 2. Je krijgt als persoon immers een goed gevoel als mensen je nodig hebben, en je ook nog je stempel kunt drukken op de dagelijkse gang van zaken.
Dit wordt ook wel het superheldensyndroom genoemd, omdat je als het ware als een superman door je afdeling vliegt en continue 'mensen redt'.

Nu is het tijd om jezelf voor te stellen hoe veel bevredigender het zou kunnen zijn om een dag te hebben als situatie 1, waarin je in de ochtend deelneemt aan een ochtendteambordoverleg en iedereen het idee te geven dat hun leven van nu af aan eenvoudiger zal zijn omdat ze beter in staat zullen zijn om samen te werken aan het oplossen van terugkerende problemen. Vergelijk dat idee met het meer typische patroon dat gepaard gaat met het bijwonen van een teamraadsvergadering om het team een lijst te geven van extra werk dat ze moeten doen omdat er een dringend probleem in de fabriek is?

Samengevat:

- 5S biedt managers de mogelijkheid om hun tijd op een waardevollere manier te besteden; dat wil zeggen, het verbeteren van het leven van de teamleden waarmee ze werken.

4.3 Hoe 5S de klantervaring verbeterd

Ten slotte zijn de klanten die het product of service van de organisatie kopen de laatste groep belanghebbenden die verbeteringen kunnen zien als resultaat van een succesvolle 5S-implementatie. Houd er altijd rekening mee dat het de klant is die voor ons product betaalt en daardoor de omzet bijdraagt die nodig is om het bedrijf te ondersteunen. Zonder klanten zou het bedrijf niet bestaan. Het is daarom het doel van elke organisatie om haar klanten tevreden te houden en om hen aan te moedigen om in de toekomst producten en/ of diensten te blijven kopen. Als dat kan worden bereikt, zal het een grote bijdrage leveren aan het helpen van het bedrijf om banen te behouden voor zijn werknemers en een ruim aanbod van aantrekkelijke producten en/ of diensten voor zijn klanten.

Uiteindelijk is de klant de reden waarom organisaties zichzelf voortdurend moeten verbeteren. Het maakt niet uit hoe efficiënt een werkplek georganiseerd kan worden als er geen klant is om de producten of diensten van een bedrijf te kopen. De klant heeft altijd het recht ergens anders te gaan winkelen als een bedrijf niet in staat is om de bestelde producten of diensten in de juiste kwaliteit, op het juiste moment, voor de juiste prijs, in de juiste hoeveelheid, op de juiste manier, en binnen het gevraagde tijdsbestek te leveren.

Wanneer 5S gecombineerd wordt met andere visuele management hulpmiddelen, is het mogelijk om de algehele prestatieniveaus van een organisatie drastisch te verbeteren. Hieronder in figuur 15 is te zien hoe een fabriek waar ik in Duitsland werkte, de doorlooptijd van bestellingen met 44% verkortte over een periode van twee jaar.

Ik begeleidde het fabriekspersoneel door alle stappen die in dit boek beschreven worden om dit opmerkelijke resultaat te bereiken.

Interessant is dat de moeilijkste uitdaging voor het management en de betrokken teams was om vast te houden aan de 5S-standaarden die waren ontwikkeld op basis van het aantal plekken op de werkvloer dat *work in progress* (de hoeveelheid onderhanden werk) kon houden.

Vergelijkbaar met de geschilderde vierkanten op de vloer in het voorbeeld van het betrekken van de 12 vaten materialen in figuur 14, mochten de fabriek teams niet aan de volgende bestelling beginnen, tenzij een van de plekken beschikbaar was. Gewoon een nummer op een scherm in de kantoren gebruiken dat aangaf hoeveel bestellingen gestart waren was niet voldoende om de stroom te regelen. Het waren de fysieke beschikbare plekken, met gekleurde lijnen op de vloer van de fabriek, die het team hielpen het spel te begrijpen en zich aan de regels te houden.

In het voorbeeld van de Duitse fabriek in Figuur 15 leidden de productiviteitsverbeteringen tot een betere taakverdeling binnen het productieteam, wat resulteerde in een snellere doorlooptijd, en een snellere doorlooptijd betekent dat de klant zijn bestelling vaker op tijd zal ontvangen. En misschien kan de levertijd met verdere reducties in doorlooptijd zelfs verminderd worden, zodat het mogelijk wordt om de doorlooptijd van de bestelling te verkorten, waardoor de klant het product dat hij nodig heeft dichter bij de datum waarop hij het echt nodig heeft, kan bestellen. Afhankelijk van de aard van het bedrijf kan dit extra voordeel een krachtig nieuw concurrentievoordeel opleveren; één die voor concurrenten zelfs buitengewoon moeilijk te evenaren kan zijn.

Stelt je voor wat er zou kunnen gebeuren met de prestatieniveaus van een bedrijf, als minder machines minder vaak uitvallen, er minder wachttijden gerelateerd aan missend materiaal en minder variatie in hun effectieve cyclustijden hebben (omdat niemand tijd

Figuur 15: voorbeeld van een prestatiemeting

verspilt aan het zoeken naar informatie of hulpmiddelen). Natuurlijk worden de prestatieniveaus beter!

Dit brengt me bij een van de belangrijkste aspecten van 5S en lean in het algemeen:, dat is de volgorde waarin een bedrijf zijn algehele prestaties meet en verbetert. Een teambord heeft gewoonlijk 5 kolommen met prestatiemetingen in de volgende volgorde: **veiligheid, kwaliteit, levering, kosten en mens.**

Merk op dat de categorie kosten na de categorie levering komt, en terecht. De eerste taak voor elk bedrijf is om producten van goede kwaliteit voor hun klanten te leveren zonder hun werknemers bloot te stellen aan ongezonde situaties. Het is absoluut noodzakelijk voor bedrijven om efficiënter te zijn en de kosten te verlagen, maar dit mag nooit ten koste gaan van de serviceniveaus (levering) aan klanten, omdat dit hun ervaring en reputatie van het bedrijf zal beïnvloeden of ten koste gaat van zichzelf of de gezondheid van werknemers.

Dus wanneer 5S-standaarden gedefinieerd en geïmplementeerd worden, in welke afdeling dan ook, is het belangrijk ervoor te zorgen dat de voorraadniveaus die op elk werkstation nodig zijn om ervoor te zorgen dat de klantenbestellingen op tijd geproduceerd kunnen worden, correct worden berekend. Ik geef altijd de voorkeur aan een iets vollere afdeling met voldoende materiaal om alle bestellingen tijdig te kunnen afwerken, dan een leger werkgebied te hebben dat vanuit een korte-termijnperspectief efficiënter lijkt maar tot late orders kan leiden. Voorkom dus ten alle tijden dat de serviceniveaus op de langere termijn afnemen omdat materialen niet op het juiste moment op de juiste plaats zijn.

Samengevat:

- Zorg ervoor dat klanten een deel van de behaalde voordelen ervaren als gevolg van het implementeren van 5S-principes. Door dit te doen, zullen ze meer geneigd zijn om de producten en/ of diensten van het bedrijf in de toekomst te blijven kopen.

Hoofdstuk 5.
Conclusies

In mijn ervaring passen de meeste teams 5S toe in een met trommelgeroffel aangekondigde workshop, om de standaarden daarna weer langzaam uit elkaar te zien vallen. Of, de standaarden houden stand, maar de teams slagen er niet in om meetbare verbeteringen te realiseren. Dit komt vooral door een gebrek aan begrip van de kracht van 5S als methode. In de voorgaande hoofdstukken heb ik achtereenvolgens de concepten achter 5S beschreven (Hoofdstuk 1), de problemen die waarschijnlijk zullen optreden bij de implementatie ervan en hoe deze te verhelpen (Hoofdstuk 2), hoe belangrijke 5S-activiteiten geselecteerd kunnen worden op basis van een analyse van potentiële verbeteringsmogelijkheden om ervoor te zorgen dat alle 5S-initiatieven leiden tot productiviteitsverbetering (Hoofdstuk 3) en waarom werknemers en klanten positief worden beïnvloed door een geslaagde implementatie van 5S-principes en -praktijken (hoofdstuk 4).

Zoals ik in Hoofdstuk 1 schreef, is de eerste stap bij het creëren van een robuuste 5S-implementatie dat teams hun eigen 5S-standaarden definiëren en er eigenaar van worden. Bovendien is het creëren en ondersteunen van een werkomgeving of de heersende set van voorwaarden waaronder 5S kan overleven en bloeien afhankelijk van volledige deelname op alle niveaus in de hele organisatie, van het senior management tot de productievloer. Het succes hangt niet alleen af van het begrijpen van de 5S-principes en de gedrag wat je ermee wilt beïnvloeden, maar vooral van het eigenaarschap ervan. Iedereen moet begrijpen wat een volledige 5S-implementatie kan doen, wat de voordelen ervan zijn, en hoe ze elk een belangrijke rol kunnen spelen bij het **standhouden**

en verbeteren van de standaarden die gedefinieerd zijn, door bijvoorbeeld gebruik te maken van de mini-audits.

Ten tweede kan ik niet genoeg benadrukken dat 5S een on-going proces is en geen doelgerichte eindtoestand. 5S is nooit 'af'. Zodra de scheiden, schikken, schoonmaken, standaardiseren stadia voltooid zijn, is de moeilijkste stap om deze standaarden in stand te houden en deze regelmatig te bediscussiëren, waardoor ze verbeterd kunnen worden.

Het inbedden van 5S denken en reageren op de visuele signalen is in de organisatie nodig om echt blijvende voordelen van de uitvoering ervan te ontvangen. In hoofdstuk 2 beschreef ik hoe de dagelijkse meeting structuur en het standaard werk voor leidinggevenden de twee belangrijkste instrumenten zijn die gekoppeld kunnen worden aan de 5S-implementatie om deze inbedding in de dagelijkse systemen te realiseren. Het maken van die koppeling zal bijdragen aan het verbeteren van de hele *buy-in* voor 5S.

In hoofdstuk 3 beschreef ik hoe het gebruik van een waardestroomanalyse, de proceskaart en verspillingsobservaties kunnen helpen bij het identificeren van de mogelijkheden om verbeteringen aan te brengen, zelfs voordat geprobeerd wordt om het eerste schaduwbord of pull-systeem te maken. Deze hulpmiddelen helpen iedereen de aandacht te richten op de verspillingen die de totale organisatie beïnvloeden, dus het verminderen hiervan zal waarschijnlijk het grootste voordeel opleveren.

In Hoofdstuk 4 beschreef ik hoe zowel de tevredenheid van medewerkers, als de tijdsbesteding van managers zal veranderen door een juist gebruik van de 5S methode. Het visueel maken van de werkplekorganisatie helpt teamleden om problemen te zien voordat ze tot grote productievertragingen leiden, waardoor hun werkende leven een stuk prettiger wordt. Teamleiders en productiemanagers zullen op hun beurt ook gemakkelijker kunnen werken, aangezien 5S de urgente problemen die opgelost moeten worden, verminderen of zelfs elimineren.

Hoewel 5S eenvoudig te gebruiken is en gezond verstand de basis is voor de belangrijkste principes van 5S, heb ik veel te veel gevallen gezien waarbij 5S misbruikt, verkeerd begrepen en ondergewaardeerd werd. Ik hoop dat ik jou als lezer met het dit boek heb geïnspireerd om 5S te gebruiken om een manier waarop 5S kan worden ingezet om de manier waarop het dagelijks werk wordt gedaan kan worden verbeterd, hoe 5S helpt om teams te versterken, en hoe 5S de operationele efficiëntie van elke organisatie die deze principes en praktijken volledig gebruiken, radicaal kan verbeteren.

Als je als lezer dit boek als waardevol hebt ervaren, schrijf dan een recensie op de webwinkel waar je dit boek hebt besteld, om jouw ervaringen met anderen te delen en om mij en dit gedachtegoed te ondersteunen. Vergeet daarnaast niet om de sjablonen voor de 5S-audit en de waardestroomanalyse te downloaden van mijn blog: www.mudamasters.com.

Denk lean!

Thijs Panneman

Dankwoord

Zoals met de meeste auteurs en hun boeken, had ik dit boek niet alleen kunnen publiceren. Ik ben dankbaar voor de vele mensen waar ik de afgelopen tien jaar mee gewerkt heb, die hun ervaringen over 5S met mij gedeeld hebben, en open en eerlijk waren over hun strijd om het voor hen in hun specifieke situatie te laten werken.

Daarnaast wil ik graag Jay Bitsack en Thomas Hall in het bijzonder bedanken. Dankzij Jay is de inhoud van dit boek een stuk duidelijker geworden dan de eerste paar concept teksten, met een grotere nadruk op het verschil tussen de 5S principes en gedrag dat daaruit voort vloeit om de verbeteringen daadwerkelijk tot stand te brengen.

Thomas heeft een groot aandeel gehad in het meerdere keren bewerken van het Engelse manuscript tussen Jay en mijzelf, om de spelling, grammatica en de tekststroom te verbeteren. Elke geschreven tekst zal minstens één spelling- of grammaticafout bevatten, alleen al omdat taal op zichzelf vloeiend is. Bovendien is Engels niet mijn eerste taal. Dankzij zowel Jay als Thomas wordt dat aantal nu tot een minimum herleid.

Merel van den Bergh heeft het manuscript vervolgens in het Nederlands vertaald, en mijn daarom geweldig ondersteund om mijn kennis niet alleen in het Engels, maar ook in mijn eigen moedertaal te kunnen verspreiden.

Ten derde wil ik Bojan van der Heide bedanken voor het ontwerpen van de omslag van de Nederlandse versie van dit boek, en het editen van de Nederlandse tekst na de vertaling. Hij is ook mijn webdesigner en doet fantastisch werk door www.mudamasters.com over de hele wereld zo populair te maken met zijn SEO-kennis.

Tot slot wil ik alle lezers van mijn blog www.mudamasters.com bedanken, die me voortdurend positieve feedback over mijn schrijven hebben gegeven, zodat ik gemotiveerd blijf door te gaan met het schrijven van artikelen, en nu dit tweede, kleine boekje.

www.ingramcontent.com/pod-product-compliance
Lightning Source LLC
Chambersburg PA
CBHW070657220526
45466CB00001B/473